중독전문가 박상규 교수가 전하는

스마트폰에 빠진 우리아이 구출하기

이 책은 2018년도 꽃동네대학교 연구지원비에 의하여 수행되었음.

Saving My Children from Smartphone Addiction
Practical Advice from an Addictional Specialist

중독전문가 박상균 교수가 전하는

스마트폰에 빠진 우리아이 구출하기

박상규 저

학지사

저자 서문

최근에 "스마트폰 중독이 심각한데, 어떻게 대처해야 할지 몰라 걱정이다."라는 가족과 상담자가 많아지고 있다. 나는 스마트폰 중독에 대한 여러 질문에 답하면서 이 책을 집필하기 시작하였다.

청소년이 외로움과 우울한 기분에서 벗어나기 위해 스마트폰을 사용하지만 중독이 되면 자신의 삶이 더 불행해진다.

중독은 '불행'과 '관계의 어려움'이라는 친구를 두고 있다. 청소년의 스마트폰 중독을 예방하기 위해서는 무엇보다 일상에서 소소한 행복을 찾을 수 있어야 하고 가족과의 관계가 중요하다.

부모가 자기주시를 잘 하고 자기를 수용해야 자녀를 잘 이해하고 인정할 수 있다. 자녀가 부모의 사랑을 받으면 그 힘으로 자존감이 자라나고 마음이 안정되어 스마트폰에 덜 빠지게 된다.

이 책에서는 부모나 상담자가 스마트폰 중독자를 이해하기 위한 기본적인 이론과 구체적인 실천기술을 다룬다. 제1부에서는 부모와 상담자가 알아야 할 스마트폰 중독에 대한 이론을 중심으로 구성하였다. 제2부에서는 부모와 상담자가 스마트폰 중독 문제를 예방하고 대처할 수 있는 구체적인 방법에 대해 기술하였다. 제3부에서는 중독 예방을 위한 건강하고 행복한 가정에 대해 알아보았다.

20년 이상 중독자와 그 가족을 만나 본 필자의 경험과 연구들의 결과물인 이 책이 스마트폰 중독자와 가족 그리고 상담자에게 도움이 되기를 바라는 바이다.

이 책의 편집 과정에 힘써 주신 학지사의 김순호 편집이사님과 어려운 여건임에도 이 책의 출판을 지지하고 격려해 주신 김진환 대표님에게 감사드린다. 또 원고 작성 과정에 중요한 자료를 제공해 주고 피드백을 해 주신 전문가 선생님, 학부모님들, 학생들에게 감사의 마음을 전한다.

2019년 7월

노고산 아래에서 저자 박상규

차례

제 1 부

스마트폰 중독이란 무엇일까

01
가벼워 보이지만 치명적인 스마트폰 중독

〈스마트폰을 친구로 둔 A양〉

고등학생인 A양은 또래와의 관계가 원만하지 않았고 외롭고 우울했다. A양의 아버지는 과묵한 편으로 감정 표현을 잘하지 못하였고, 어머니 또한 자녀와 의사소통하는 기술이 부족하였다. 그러다 보니 A양은 어린 시절부터 부모가 자신을 사랑하지 않는다고 생각하였고, 자존감이 낮아졌을 뿐만 아니라 친구를 사귀는 데도 자신감이 없었다.

친한 친구가 없는 A양에게 스마트폰은 유일한 위안이 되었다. A양은 주변 사람들이 자신을 무시한다는 생각이 들거나 외로움을 느끼면 곧장 스마트폰을 켜서 온라인 세계로 접속하곤 했다. 온라인 활동에 몰두하고 SNS를 통해 사귄 친구들과 교류하다 보면 부정적인 생각들을 잊을 수 있었다. 스마트폰을 사용하는 시간은 점점 늘어났고, 그럴수록 친구들이나 주변 사람들과 A양의 관계는 멀어졌으며, 학교생활도 잘 적응하지 못하였다.

중독이란

사람이 행복하면 중독되지 않는다. 많은 사람이 고통을 벗어나 행복하기 위해 술을 마시고, 도박을 하고, 스마트폰 게임을 한다. 그러나 그 결과로 개인은 더 불행해지고 가족들도 고통에 빠지게 된다. A양의 사례와 같이 스마트폰이 외로운 청소년에게 일시적인 위로가 되었으나 스마트폰에 중독된 나머지 더 불행해진다. 하지만 행복한 사람은 중독 대상을 갈구하지 않으면서 지금 자기가 해야 할 일에 집중할 수 있다.

중독된다는 것은 중독 대상을 찾고 좋아하다가 마침내 중독 대상의 노예로 비참한 삶을 살아간다는 것과 같다. 알코올 중독자는 알코올의 노예가 되고, 도박 중독자는 도박의 노예로 살아가며, 스마트폰 중독자는 스마트폰 사용의 노예가 되어 살아간다. 스마트폰에 중독된 사람은 아침에 일어나자마자 스마트폰을 찾으며 잠자기 전까지 하루의 거의 대부분을 스마트폰을 사용하면서 자신의 주변에서 즐거움과 행복은 찾지 못한다.

중독은 크게 물질중독과 행동중독의 범주로 구분된다. 물질중독은 알코올이나 코카인, 환각제 또는 수면제와 같은 다양한 물질의 사용과 관련된 중독을 가리키며, 행동중독은 도박이나 채팅, 섹스 또는 스마트폰 사용과 같이 쾌감과 즐거움을 주는 행동들과 관련된 중독을 말한다.

중독의 대상이 될 수 있는 물질이나 행동은 매우 다양하지만, 현재까지 축적된 경험연구의 근거 부족으로 인해 『정신질환 진단 및 통계 편람 5판(DSM-5)』에는 10여 개의 물질과 1개의 행동(도박)에 대한 진단 기준만이 수록되어 있다.

스마트폰 중독의 특성

〈스마트폰을 손에서 놓지 못하는 C군〉

초등학교 5학년 남자아이 C군은 시간이 날 때마다 스마트폰을 사용한다. 한부모가정의 외아들인 C군은 부모가 생계로 바쁘다 보니 돌봄을 받는 시간이 적고, 대부분의 시간을 집에서 혼자 스마트폰을 사용하면서 보내는 편이다. C군은 "혼자서 할 일이 없어요. 스마트폰으로 공부도 하긴 해요." 라며 스마트폰을 손에서 놓지 못하고 있다.

현대 우리 사회 일부의 사람에게서 스마트폰은 가족이나 친구보다도 더 많은 시간을 함께 보내는 물건이 되었다. 스마트폰은 휴대전화의 기능에 인터넷과 같은 PC의 기능을 합친 것으로 필요한 정보를 즉각적으로 얻을 수 있고, 주변 사람들과 다양한 방식으로 간편하게 연락할 수 있으며, 게임이나 영상과 같은 콘텐츠도 쉽게 접할 수 있다는 장점이 있다. 이처럼 스마트폰의 폭넓은 용도는 사용자의 편의를 크게 높여 주지만, 동시에 스마트폰을 통해 중독에 빠져들게 될 위험성도 함께 증가시키게 된다.

스마트폰은 편리성과 즉시성, 적소성, 관계성, 정서성 등을 가지고 있어 사용자로 하여금 쉽게 집착하고 사용하게끔 만든다(김동일, 정여주, 이윤희, 2013). 즉시성은 사용자가 원하는 것을 즉각 만족시켜 주는 것이며, 적소성은 편리하게 어디에서든 사용할 수 있는 것이다. 관계성은 스마트폰을 사용함으로써 사람들과의 관계가 더 돈독해질 수 있다는 것이며, 정서성은 정서적인 소통의 도구가 될 수 있다는 것이다. 이외에도 꾸준히 확장되고 있는 다양하고 편리한 기능과 콘텐츠들, 발전하는 기술과 속도 등으로 스마트폰은 점점 더 중독되기 쉬운 대상이 되고 있다.

아직 스마트폰 중독에 대한 공식적인 진단 기준은 확립되지 않았으나, 일반적으로 조절력의 상실, 금단증상, 자신이 해야 할 역할을 하지 못하고, 자신과 가정에 피해를 입히는 경우에 스마트폰 사용에 중독된 상태로 본다. 특히 자기조절력의 상실이 스마트폰 중독의 주요한 특성이다. 스마트폰에 중독된 청소년은 스마트폰에 몰두하느라 수업에 집중하지 못하고, 숙제를 하지 못하는 등 자신에게 주어진 역할을 완수하지 못하는 경우가 많다. 스마트폰을 사용하지 못하는 경우에는 불안하고 초조해하며, 현실에서의 관계에 집중하지 못하게 되니 가족이나 친구들과의 관계는 점차 멀어진다. 이러한 문제들로 인해 스스로 스마트폰을 쉽게 조절하지 못하고 금세 다시 강박적으로 사용하기에, 일부 학자는 스마트폰 중독을 강박사용으로 부르기도 한다(김동일, 정여주, 이윤희, 2013).

스마트폰 중독 원인의 하나는 관계의 장애이다. 부모 등 중요한 이들로부터 사랑받고 인정받고픈 욕구가 좌절된 청소년은 스마트폰을 사용함으로써 이를 보상받으려 할 수 있다. 그렇게 스마트폰 중독에 빠져들게 된 이후에는 현실 세계의 사람들과 관계 맺는 것보다는 스마트폰으로 온라인상에서 관계 맺는 것을 더 편하게 여기며, 과시나 인정에 대한 욕구를 채우기 위해 반복적으로 스마트폰을 사용한다(이수진, 문혁준, 2013). 반면 가족이나 친구 등과 좋은 관계를 형성하는 청소년은 상대적으로 일상에서 편안함을 느끼고 스마트폰 중독에 쉽게 빠져들지 않으며, 잠시 중독에 빠지더라도 쉽게 회복한다.

중독자들이 나타내는 세부적인 특성들과 그 기저 원인에 대해서는 이후 2장과 3장에서 보다 자세하게 설명할 것이다.

스마트폰 사용에 문제가 있는 자녀를 어떻게 바라보아야 하나

어떤 사람이 무엇인가에 몰입할 수 있는 에너지가 있다는 것은, 그 사람이 개인과 사회에 기여할 수 있는 긍정적인 것에도 몰두할 수 있는 에너지, 몰입의 힘을 가지고 있음을 시사한다. 중독으로부터 회복되면 이와 같은 특성을 자신과 가족, 사회의 행복을 위하는 방향으로 돌려 사용할 수 있다. 청소년 또한 스마트폰 중독에서 벗어나 회복하면, 자신이 가진 몰입의 힘을 과학연구나 예술, 운동 등 보다 건강하고 생산적인 활동에 사용할 수 있는 잠재력을 가지고 있다. 뿐만 아니라 회복이 되면 중독 이전에 비하여 훨씬 더 성장하게 된다.

영성적인 관점에서 모든 인간은 내면에 신성을 가지고 있는 귀중한 존재이다. 신성이란 사람이 제대로 사랑을 주고받을 수 있는 힘이다. 지금은 날씨가 흐리고 비가 오더라도 하늘의 비구름 너머에 태양이 빛나고 있음을 우리 모두가 알고 있듯이 중독에 빠져 고통받고 있는 사람의 내면에도 여전히 신성, 순수의식, 부처의 품성이 존재한다.

그러므로 알코올 중독자는 알코올 문제를 가진 부처이며, 도박 중독자는 도박 문제를 가진 부처이다. 스마트폰 중독자는 스마트폰 사용 문제가 있는 부처이다. 나는 심한 알코올 중독자가 회복되어 가정과 직장에서 자기 역할을 다하는 사례를 많이 보아 왔다. 시간의 차이는 있으나 모든 사람은 변화가 가능하다. 당장은 무언가에 중독된 상태라 하더라도 그는 변화 가능하고 성장할 수 있는 귀중한 존재이다. 자녀의 스마트폰 중독이 의심될 때 부모가 해야 할 일은 깨어 있으면서 자녀가 자신의 내면에 있는 영성을 찾도록 이끌어 주는 것이다. 자녀를 스마트폰 사용에 문제가 있는 사람으로만 여기지 말고 신성을 가진 귀중한 사람으로 보아야 한다.

사람이 자기 내면에서 보물을 찾은 경험이 있어야 다른 사람의 내면에 있는 보물을 인정하고 발견할 수 있다. 이처럼 부모가 자녀를 올바로 이해하고 사랑하기 위해서는 부모부터 먼저 자기를 인정하고 사랑할 수 있어야 한다. 부모가 자존감이 높고 자기를 사랑하면 자녀가 중독문제를 보이더라도 그것을 인정하면서 잘 대처할 수 있다. 하지만 부모가 불안해하거나 자신감이 없으면 자녀 또한 영향을 받게 되어 불안해지고 스마트폰 사용으로 도피할 수 있다.

스마트폰에 중독된 자녀의 회복을 돕고 부모와 자녀가 보다 행복할 수 있는 기술에 대해서는 제2부와 제3부에서 보다 자세하게 논의할 것이다.

● 가벼워 보이지만 치명적인 스마트폰 중독

* 중독이란
  - 과도한 수준으로 중독 대상을 갈망하고 몰두하는 것
  - 중독 대상을 하지 않을 때는 불안과 초조감을 느끼는 것
  - 이러한 문제로 인해 역할 수행이나 대인관계 등 여러 영역에서 어려움을 겪는 것
  - 결과적으로 자신을 비롯한 주변 사람들이 다양하고 지속적인 피해를 받는 것
  - 그럼에도 불구하고 중독 대상에서 벗어나지 못하는 것

* 중독의 특성: 조절력 상실, 집착, 금단 증상, 내성
* 중독의 분류

물질중독	행동중독
알코올, 마약, 니코틴, 카페인	도박, 섹스, 인터넷, 스마트폰, 쇼핑

* 스마트폰 중독의 특성
  - 편리성, 즉시성, 적소성, 관계성, 정서성

* 스마트폰 중독 증상
  - 스마트폰을 사용하지 않을 때는 불안과 초조함을 느낌.
  - 스마트폰 사용으로 인한 학습 문제나 일상생활에 지장이 있음.
  - 본인 스스로 조절이 안 됨.

* 중독자를 바라보는 관점
  - 지금은 중독 문제를 가지고 있으나 내면에는 신성, 부처의 품성을 지닌 변화 가능한 존재.
  - 그가 가진 몰입의 에너지를 자신과 가정, 사회에 도움이 되는 방향으로 돌릴 수 있어야 함.

02
중독에 빠진 아이들의 특성

자기조절력의 상실과 자기주시(마음챙김)

〈스마트폰 중독에 빠져 자기조절력을 상실한 K군〉

고등학생인 K군은 중학교 1학년 때부터 스마트폰 사용에 몰두하게 되었다. 늦은 밤까지 스마트폰을 사용하다가 학교에 지각하는 일이 잦았으며, 때로는 아예 결석하기도 했다. 수업에 참여하더라도 늘 스마트폰으로 무언가를 하고 있을 때가 많았고, 주변 사람들과 대면하여 소통하는 시간은 점차 줄어들어 가족이나 친구들과의 관계도 좋지 않았다. 스마트폰을 들고 있지 않을 때는 불안이나 초조와 같은 금단증상을 보이기도 했다. 자주 두통이나 복통을 호소하였으며, 밤에도 잠을 잘 자지 못하였다. K군은 현재 스스로 스마트폰 사용을 조절하기 어렵다는 것을 인정하고 있으며, 중독에서 벗어나길 원하는 상태이다.

K군의 사례에서 보듯이 스마트폰 중독에 빠진 청소년은 스마트폰에 집착하며 조절하지 못한다. 잠시라도 스마트폰이 옆에 없거나 충전되어 있지 않으면 불안하여 샤워할 때조차 스마트폰을 들고 다니곤 한다. 수업 중에도 통화를 하거나 문자 메시지를 주고받고 수시로 SNS 알림을 확인하는 등 스마트폰 사용을 중단하지 못한다. 가족이나 친구들과 함께 대화하거나 식사하는 와중에도 끊임없이 스마트폰을 사용한다. 또 시간 감각이 없어져서 자신의 생각보다 더 오랜 시간 동안 스마트폰을 붙잡고 있다. 부모나 주변 사람들이 과도한 스마트폰 사용에 대해 걱정하고 지적하더라도 변화되지 않으며, 잠시 절제하는 듯 보이다가도 초조나 불안과 같은 금단증상을 견디지 못해 다시 사용하게 되는 일이 빈번하다.

이처럼 아이들이 본인에게 해가 됨에도 불구하고 과도한 스마트폰 사용을 조절하지 못하게 되는 기저에는 자기주시(마음챙김)의 부재가 있다. **자기주시**는 자기 자신에 대한 객관적 관찰이다. 개인적 욕구나 생각을 개입시키지 않고 있는 그대로 자기 자신의 마음을 관찰하는 작업으로, 지금 – 여기에서 자신이 무엇을 하고 있는

지를 순수하게 바라보는 것이다. 자기를 객관화하고, 떨어져서 바라보는 자기주시는 진정한 모습의 '나'를 자각하게 해 준다(김정호, 2011). 자기주시는 내가 지금 무엇을 하고 있으며 어떤 상태에 있는가를 보는 것이다(김정호, 2014). 자기주시를 잘하는 사람은 자기의 호흡이나 몸의 느낌, 갈망이나 충동과 같은 마음의 상태 등을 떨어져서 바라볼 수 있으며, 결국 이를 자연스럽게 수용하게 된다.

자신의 마음 상태를 있는 그대로 자연스럽게 수용하면 더 이상 그로 인해 흔들리거나 위협받지도 않게 된다. 어떤 사람이 길을 걸어가는 도중에 앞에서 축구공이 날아오는 것을 볼 수 있으면, 공의 궤적을 보고 미리 피하게 된다. 마음 안에서 일어나는 갈망 또한 마찬가지로, 스스로 그것을 알아차리면 보다 쉽게 조절할 수 있다.

중독자들은 대부분 자신의 마음 안에서 일어나는 정서나 갈망을 알아차리지 못하는 경우가 많다. 알코올, 도박, 게임 등 중독 대상에 대한 갈망이 일어나는 것을 주시하지 못하는 까닭에 이를 조절하는 데 어려움을 겪게 되고, 결과적으로 중독 대상의 노예로 살아간다.

누구나 자기 인생의 주인으로 살기 위해서는 지금 자신이 하는 행동이나 몸의 상태, 감정을 알아차리면서 조절할 수 있어야 한다. 내가 나의 행동과 마음을 주시하는 것은 나를 사랑하는 기본이다. 중독자가 지금 자신의 마음 안에서 일어나는 갈망이나 감정을 자주 주시하면 조절력이 강화되어 회복의 길로 나아가게 되며, 이후의 재발 또한 예방할 수 있는 힘을 갖게 된다.

스마트폰에 중독된 자녀를 회복으로 이끌기 위해서는 자녀뿐만 아니라 부모도 자기주시를 연습하는 것이 매우 중요하다. 자기주시의 구체적인 방법에 대해서는 제2부에서 다시 설명할 것이다.

중독적 사고

중독에 빠진 사람은 일반 사람과 생각하는 것이 다르다. 중독자가 일반 사람과 생각이 다르지만 일반적인 상식이나 다른 사람의 설득으로 잘 바뀌지 않는 사고를 중독적 사고라 한다.

중독적 사고는 중독자에게서 흔히 관찰되는 비합리적인 사고로서, 중독행동을 하기 위하여 스스로 만들어 낸 신념과 생각이다. 예를 들어, 오랜 기간 도박에 빠져 지냈던 중독자는 도박으로 인한 많은 부채를 지니고 있는 상태에서도 "도박을 통해 빚을 갚을 수 있다."고 얘기하곤 한다. 이처럼 도박과 관련된 비합리적인 사고는 그로 하여금 자신을 망가뜨리는 도박을 중단할 수 없게끔 한다. 마찬가지로 "게임을 하면 스트레스가 사라질 것이다."라는 게임 중독자의 기대적 신념 또한 중독적 사고에 해당한다. "조금만 하고 그만둘 수 있다."라는 허용적 신념도 중독적 사고이다.

부모나 상담자는 이와 같은 중독적 사고를 하는 것을 중독자의 특성으로 이해하며, 스스로 자신의 왜곡된 사고를 자각하고 바꿀 수 있도록 기다려 주고 이끌어 주어야 한다.

집착과 갈망

〈스마트폰에 집착하는 B양〉

중학교 3학년인 B양은 스마트폰을 통해 온라인에서 만난 사람들과의 소통에 집착하고 있다. B양의 아버지는 술에 취하면 가족을 폭행하는 등 알코올 문제와 가정폭력의 문제가 있는 사람이다. 어머니 또한 딸을 제대로 돌보지 않고 집에 혼자 방치하는 경우가 많다. 학교에서도 반 친구들로부터 따돌림을 당하고 있으며, 주변에 의지할 친구가 없는 상태이다. 그런 B양에게 스마트폰은 '중요한 소통의 도구이자 친구'이다. B양은 스마트폰을 통해 타인들과 소통하는 것에 대하여 "온라인상에서는 사람들이 내 말을 잘 들어줘요." 하고 말하였다.

집착은 불행의 어머니이다. 중독의 또 다른 중요한 특성은 중독 대상에 대한 **집착과 갈망**이다. 일반적으로 스마트폰 사용에 대한 집착은 과거에 스마트폰 사용으로 좋은 기분을 느꼈던 기억과 관련되어 있다. 집착적인 스마트폰 사용은 자신의 시간과 에너지의 대부분을 스마트폰에 쏟게 만듦으로써 소중한 자신의 건강, 가족, 친구를 잃어버리게끔 하며, 결국 개인을 불행에 빠뜨린다. 특히 B양의 사례에서 보듯이 가정과 현실에서 행복함을 느끼지 못하는 청소년의 경우는 자신에게 즐거움을 주고 피상적이나마 소통을 가능하게 한 스마트폰에 더욱 집착할 수 있다.

집착 상태에서 중독자들은 자기 내면의 귀중한 것을 보지 못하고 가족이나 주변 사람들과 제대로 관계하지 못한다. 마음 한구석에서 언제나 스마트폰과 관련한 생각을 하고 있으며, 수업이나 숙제에 집중하지 못하니 학업 성적도 떨어지게 된다. 다른 사람과의 약속시간도 지키지 못하고 계획한 일을 실천하지 못하는 일 또한 흔하다. 스마트폰을 사용하지 않을 때에도 하는 듯한 착각을 느끼며, 스마트폰이 없으면 살아갈 재미가 없다고 생각한다(박현숙, 정선영, 2012).

갈망 또한 중독의 주요한 특성이다. 중독에서의 갈망은 몸에서 기억되어 자연스레 일어나는 것이다. 스마트폰 사용으로 불안이나 외로움이 사라지고 쾌감을 느꼈던 기억이 반복적인 갈망을 가져온다. 갈망은 특히 피곤하거나 스트레스를 받을 때, 외로울 때, 불안할 때, 심심할 때 주로 나타난다. 그러나 개인에 따라 갈망이 일어나는 상황이 조금씩 다른 까닭에, 스스로 어떨 때 주로 갈망이 일어나는지를 잘 알고 있어야 그 상황을 미리 피하거나 갈망이 일어날 때 마다 잘 대처할 수 있다.

현실 고통으로부터의 회피

고통스러운 현실을 피하고자 하는 것은 인간의 본능이다. 그러나 현실의 삶이 힘들고 고통스럽더라도 그것을 잘 주시하고 이겨낼 수 있다면, 고통은 결국 우리를 강하게 하고 성장시킨다. 뿐만 아니라 고통을 잘 받아들이고 극복한 경험은 자신의 힘에 대한 하나의 증거가 되어, 살아가면서 부딪히는 다른 문제들도 잘 해결할 수 있다는 자신감을 갖게 한다. 그러나 많은 중독자는 지금 – 여기에서 일어나는 현실의 고통을 직면하기보다는 회피하기를 선택한다. 스마트폰 중독자는 불안, 우울, 외로움, 분노감, 스트레스를 느낄 때마다 이를 견디는 대신 스마트폰을 손에 들고 무언가를 하고자 한다.

불행

〈현실에서 대화가 부담이 되는 B양〉

스마트폰 채팅으로 또래관계 기술을 배운 B양은 학교생활에 적응하는 것이 힘들었다. 온라인상에서는 이모티콘 등으로 자신의 감정을 표현할 수 있고 상대방에게 대화를 전송하기 이전에 문장을 수정하여 표현할 수도 있었지만, 그런 것들이 불가능한 현실에서는 자연스러운 의사소통이 어려웠다. 반 친구들이나 선생님들과의 대화가 잘 되지 않았던 B양은 새 학기가 시작되자 학교를 무단으로 결석하였다. 불안하여 잠을 푹 자지 못하였고, 식사를 거부하는 일도 잦았다.

불행하면 중독되기 쉽다. 지금 행복한 사람은 알코올이나 도박, 스마트폰 등의 중독 대상을 찾을 가능성이 낮다. 일반적으로 행복감이 낮을수록 중독의 위험성이 증가하며, 행복감이 높을수록 중독 증상은 줄어든다(박상규, 조혜선, 2018; Longstreet & Brooks, 2017; Suresh, Silvia, Kshamaa, & Nayak, 2018).

인터넷에 중독된 청소년은 그렇지 않은 청소년보다 불행감이나 불안을 더 높게 경험하는 것으로 확인되었다(고영삼, 2011). 마찬가지로 스마트폰에 대한 중독 성향이 높은 사람일수록 불안하고 우울한 경향이 있었으며(황경혜, 유양숙, 조옥희, 2012), 중독 성향이 낮은 사람은 행복감이 상대적으로 높게 나타났다(박상규, 조혜선, 2018). 또 다른 연구에서도 행복감이 높은 청소년은 스마트폰 중독 점수가 낮고, 대인관계가 좋은 것으로 확인되었다(장덕희, 김정은, 2018). 해외 연구에서도 행복감 경험이 증가되면 강박적인 인터넷 사용이 감소한다는 관찰 결과를 바탕으로, 행복이 강박적인 인터넷 사용을 완화하거나 예방하는 효과가 있음을 제안한 바 있다(Muusses,

Finkenauer, Kerkhof, & Billedo, 2014).

중독자의 불행은 가족이나 또래 등과의 관계 문제와 관련된 경우가 많다. 앞의 B양의 사례와 같이 대인관계를 잘 하지 못하는 사람은 불행감을 경험하기 쉽고, 이로 인해 스마트폰 사용에 탐닉하게 된다. 결국 중독되어 더 불행해지는 악순환의 고리에 빠져든다. 중독 대상으로부터 벗어나 회복을 잘 유지하던 사람도 대인관계에서 갈등을 겪으면서 우울이나 불안과 같은 부정적 감정을 경험하면 다시금 재발하기도 한다.

도박 중독자의 경우 재발에 미치는 심리정서적 요인으로 혼란, 고립, 무력감, 자기연민, 원한과 분노 등의 부정적 정서들이 지목되었다(이근무, 강선경, 탁평곤, 2015). 때문에 자녀가 중독에 빠져드는 것을 예방하거나 재발을 방지하기 위해서는 우선 가정과 학교에서 안정적인 관계를 형성하고 충분한 행복감을 경험할 수 있도록 도와주어야 한다. 중독자가 마음이 안정되고 평온할수록 자기 주변의 사소한 것에서 행복을 찾을 수 있다.

내성과 금단

〈스마트폰을 빼앗긴 후 금단증상을 경험하는 C군〉

C군은 게임을 지나치게 많이 한다는 이유로 어머니에게 스마트폰을 압수당하였다. 이후 친구들로부터 공기계를 구해서 사용해 왔는데, 그마저도 얼마 전 수업 시간에 사용하다가 선생님께 압수당하게 되었다. 더 이상 스마트폰을 구할 방법이 없자, C군은 게임을 할 수 없다는 사실에 불안감을 느끼며 손을 떨거나 "진동소리를 들은 것 같다."라며 스마트폰을 찾아 온 방을 엉망진창으로 만들어 놓았다. 학교에서도 수업에 집중하지 못하고 손톱을 물어뜯는 등 불안한 증세를 반복적으로 보이고 있다.

내성은 동일한 효과를 얻기 위하여 보다 많은 양이나 횟수를 필요로 하는 것이다. 필로폰 중독자의 경우, 처음에 한 번의 주사로 경험했던 수준의 쾌감을 다시 경험하기 위하여 점점 더 많은 양을 더 자주 주사해야 한다. 알코올 중독자 또한 처음에는 한 잔의 술로써 마음이 편안해지고 사교적이 되었더라도 나중에는 훨씬 많은 양의 술을 마셔야만 비슷한 효과를 느낄 수 있다. 스마트폰 중독도 다르지 않다. 처음에는 10분 정도 스마트폰을 사용하여 게임하는 것으로 만족하고 즐거움을 느낄 수 있겠지만, 나중에는 하루 종일 게임을 해도 만족감을 느끼기 어려워진다. 이러한 내성은 생물학적 기전에 의한 것으로 알려져 있다.

금단은 중독행동을 줄이거나 중단했을 때 나타나는 일련의 증후군을 가리키며, 신체적 금단과 심리적 금단으로 나눌 수 있다. 신체적 금단은 알코올 중독자가 술을 마시지 않았을 때 몸이 아픈 것과 같은 고통을 느끼는 것이다. 심리적 금단은 초조나 불안과 같은 부정적인 심리 증상이 나타나는 것이다. 앞의 C군의 사례와 같이 스마트폰 중독자들 또한 스마트폰 사용 시간이나 횟수를 줄였을 때 다양한 금단증상을 경험하며, 이를 피하고자 다시 스마트폰을 붙잡게 되는 경우가 많다.

방어기제의 사용

〈현실을 부정하고 정당화하면서 스마트폰 게임에 몰두하는 B양〉

B양은 간단하고 귀여운 캐릭터들이 많이 나오는 스마트폰 게임에 빠져 지내면서, 게임 아이템을 현금으로 바꾸거나 캐릭터의 레벨을 높인 후 판매하여 현금으로 바꾸고 있다. B양은 게임 캐릭터의 레벨을 빠르게 높이고자 주변 사람들에게 돈을 빌리고는 갚지 않고 있으며, "나는 스마트폰 중독이 아니라 돈을 벌기 위해 게

임을 하는 것이다. 게임 캐릭터를 팔고 돈을 많이 벌어서 빚을 갚으면 된다."며 현실을 왜곡하여 생각하고 있다. B양은 가정 형편이 어려워 정부의 도움을 받아 생활하고 있고 게임을 통해서 실질적으로 큰 소득을 올린 적은 없지만, 그럼에도 불구하고 게임 캐릭터를 팔아 경제적 어려움을 극복할 수 있을 것이라는 믿음을 붙잡은 채 게임에 몰두하고 있다.

중독자는 자신에 대해 정직하지 않은 경우가 흔하다. 이들은 현실의 문제를 직면하지 않고 왜곡시키기 위해 다양한 종류의 무의식적 방어기제를 사용한다. 중독자가 사용하는 대표적인 방어기제로 부정, 합리화가 있다.

부정은 자신이 처한 현실이나 현재 상태를 외면하는 것이다. 스마트폰 중독자는 "나는 언제든 스마트폰 사용을 중단할 수 있고, 조절할 수 있으며, 중독된 상태가 아니다."라고 말할 수 있다. 이는 사실이 아니지만, 본인은 사실이라고 믿고 있어 일부러 남을 속이고자 하는 거짓말과는 구분된다.

합리화는 B양의 사례와 같이 자신의 행동에 그럴듯한 설명을 붙이며 정당화하고자 하는 것이다. "나는 스트레스를 풀기 위해 스마트폰을 사용하는 것이다." "스마트폰을 쓰지 않으면 주변 친구들과 관계를 유지할 수가 없다."는 식이다.

스마트폰 중독자는 "부모님이 나를 미워하고 지속적으로 스트레스를 줘서 스마트폰을 사용할 수밖에 없게 만든다."는 식으로 자신의 문제 원인을 주변 사람들에게 떠넘길 수 있다.

스마트폰에 중독된 청소년의 부모는 중독된 상태에서 이와 같은 방어기제가 흔히 나타날 수 있음을 숙지하고, 여기에 휘둘리지 않고 잘 대처해야 한다.

공존증상

〈공존증상을 보이는, 유튜브 크리에이터가 꿈인 B군〉

크리에이터가 장래 희망인 B군은 스마트폰을 사용하여 유튜브에 접속하는 것이 일상이다. 처음에는 자신의 관심사를 공유하고자 스마트폰으로 영상을 촬영하여 올리는 것이 목적이었는데, 여기에 몰두하는 시간이 점점 늘어나서 이제는 학교에 등교하는 것을 거부하고 온종일 스마트폰을 붙들고 있을 정도가 되었다. 밤에도 잠을 제대로 자지 않고 온라인상에서 사람들과 소통했는데, 최근에는 새로운 콘텐츠 개발을 위해 밤을 새우는 일이 많아졌다. 이처럼 불규칙한 생활로, B군은 현재 불안, 수면장애와 같은 여러 심리적 · 신체적 어려움을 겪고 있다.

중독자는 당면한 중독 문제 외에도 불안이나 우울, 성격적인 문제 또는 다른 종류의 중독 문제를 함께 가지고 있을 수 있다. 이처럼 중독자가 여러 심리적 문제를 함께 경험하는 것을 공존증상이라 한다. B군의 사례와 같이 스마트폰 중독에 빠져 있는 청소년에게서 공존증상의 존재는 매우 흔한 현상이다.

기존에 이미 심리적인 어려움을 겪고 있던 사람, 성격적인 취약성을 가진 사람은 부정적인 정서 상태에서 벗어나기 위하여 보다 쉽게 중독에 빠져든다. 또한 오랜 기간 중독에 빠져 지내던 사람은 중독과 관련된 문제들로 인하여 다양한 심리적 고통을 경험할 수 있고, 성격적인 변화가 나타나기도 한다.

우울과 불안 그리고 이와 연관되는 대인관계적인 어려움은 스마트폰 중독과 관계 된다. 중독 성향이 높은 대학생은 그렇지 않은 대학생에 비해 우울과 불안의 수준이 더 높으며, 우울과 불안이 심각할수록 대인관계도 좋지 않다(황경혜, 유양숙, 조옥희, 2012).

과도한 수준으로 스마트폰에 몰두하는 청소년은 스마트폰 사용을 통해 우울이나 불안과 같은 부정적인 감정을 일시적으로 잊을 수 있지만, 결국은 중독과 관련된 문제들을 경험하며 더 큰 우울과 불안을 경험한다. 또한 현실에서 사람들과 만나고 교류하는 것보다 온라인상에서 교류하는 것이 덜 불안하고 부담이 없으므로 스마트폰을 통한 대인관계에 몰두하면서 그 안에서 위로를 받고자 하지만, 그럴수록 현실에서의 대인관계는 점점 더 악화된다.

자녀의 스마트폰 중독이 의심되는 경우, 부모는 강박적인 스마트폰 사용 외에 또 다른 심리적 문제가 동반되고 있지는 않은지 확인해 보아야 하며, 필요하다면 이러한 문제들에 대해서도 적절한 상담을 받을 수 있도록 도와야 한다.

재발

중독으로부터의 회복과정은 등산가가 산의 정상을 향해 올라가는 것과 비슷하다. 정상으로 이르는 과정에서 오르막길과 내리막길이 여러 번 반복되어 나타나듯이, 중독자도 실패와 성공을 반복하면서 회복의 길로 나아가는 경우가 흔하다. 재발하다가 회복하고 또 재발하면서도 점차 자기 내면의 영성을 만나면서 회복의 길을 걷게 된다.

재발은 회복을 위한 자연스러운 과정이다. 순간적인 충동을 이기지 못하고 중독행동을 다시 시작하게 되었다 하더라도, 이에 대해 잘 대처하고 빠르게 벗어난다면 그 경험을 통해 새로운 것을 배우고 성장할 수 있다. 재발은 고통스럽기는 해도 자기를 정직하게 성찰할 수 있는 기회가 되어 한층 더 강한 사람으로 거듭나게 하는 스승이 된다.

부모는 자녀의 중독이 재발하면 힘이 빠지고 실망스러울 것이다. 그렇더라도 무작정 나무라거나 비난해서는 안 된다. 재발로 인해 이미 높아져 있는 불안감과 무력감을 더욱 부추길 수 있기 때문이다. 잠시 심호흡을 한 다음에는 재발에 이르게 된 자녀의 심정을 공감해 주고 지켜보면서 지지해 주어야 한다. 재발을 계기로 자신을 성찰하고 반성하여 한층 더 성장할 수 있도록 이끌어 주어야 한다.

재발의 주요 원인 중 하나는 우울과 불안, 외로움 등의 부정적 감정이다. 부정적 감정을 경험하는 청소년은 스마트폰으로 다시금 도피하고자 한다. 부모는 자녀가 최대한 스트레스를 덜 받는 환경을 조성해 주고 마음을 편안하게 해 줌으로써 재발을 어느 정도 예방할 수 있다. 그러나 환경적인 지지가 있다 하더라도 재발의 가능성이 완전히 사라지는 것은 아니다. 부모는 자녀로 하여금 중독 대상에 대한 갈망이 언제든 다시 일어날 수 있음을 명심하고 이에 대비할 수 있도록 도와주어야 한다. 마음속에서 갈망이 일어나는 것을 알아차리는 자기주시는 재발을 예방하고 대처하는 데 큰 도움이 된다.

공동의존

마지막으로 살펴볼 개념은 '공동의존'이다. 이는 중독자 본인이 아닌 그 가족이나 상담자 등에게서 관찰되는 현상으로, 부적응적이고 역기능적인 심리적·행동적 증상이 나타나는 것을 말한다. 부모 중 다수는 중독자인 자녀와 자신을 구분지어 생각하지 못하고 자녀의 문제에 과도하게 집착하여, 일상에 지장을 받고 심리적 고통을 경험하는 경우가 많다(Beattie, 2013). 스마트폰에 중독된 청소년의 부모에게서도 공존의존은 흔히 나타날 수 있다.

대표적인 공동의존 증상으로는 중독자의 문제에 지나친 책임감을 가지고 중독자의 고난을 자신이 모두 해결해 주고자 하는 것, 중독자와의 관계나 가정의 안정에 몰두하여 중독행동을 오히려 조장하는 것, 중독자가 현재 외부적인 도움이 요구되는 상태임을 부정하고 중독자의 자기조절능력에 대해 비합리적인 기대를 가지는 것, 중독자의 상태가 자신의 행복과 연결되어 있으며 중독자가 회복되어야만 자신도 행복해질 것이라고 믿는 것 등이다.

부모가 자녀에게 지나치게 공동의존하는 현상을 다른 말로 '아이중독'으로 부르기도 한다(박민수, 2016). 이러한 **아이중독**은 부모의 문제에서 비롯되는 것으로 부모의 기대와 달리 아이에게 스트레스를 주고 자존감을 낮게 하여 중독의 취약성을 갖게 한다.

부모나 다른 가족 구성원들의 공동의존 증상은 본인의 삶과 심리적 건강을 해칠 뿐만 아니라 중독자의 회복에도 장애가 되는 만큼 부모는 혹시라도 자신이 자녀와 정서적인 분리가 이뤄지지 못하는 상태가 아닌지 꾸준히 자기의 마음을 주시해야 한다. 자녀나 자녀가 가진 문제를 자신과는 독립적인 것으로 생각하며, 자녀의 행동에 휘둘리지 않을 때, 자녀에게 보다 적절한 도움을 줄 수 있다.

● 중독에 빠진 아이들의 특성

* 중독의 특징

자기조절력의 상실과 자기주시(마음챙김)의 장애	중독적 사고
집착과 갈망	현실 고통으로부터의 회피
불행	내성과 금단
부인, 합리화 등의 방어기제의 사용	공존증상
재발	공동의존

03
왜 아이들은 중독에 빠지게 될까

생물학적 원인

사람이 쾌감을 느끼는 것은 대뇌에서 도파민과 같은 신경전달물질이 분비되면서 일어나는 심리적 현상으로 볼 수도 있다. 노력을 통하여 성취감을 느끼거나 보상을 받을 때 자연스레 분비되는 건강한 도파민 분비와 달리, 마약이나 알코올 등의 약물이나 도박, 과도한 스마트폰 사용과 같은 자극 추구적인 행동으로 발생하는 도파민 분비는 부작용이 심하며, 개인을 일종의 도파민 노예 상태에 빠지게 만든다. 인위적으로 도파민이 방출될 때 느끼는 자극적인 쾌감에 중독되면, 더 강하고 자극적인 중독 대상을 반복해서 탐닉하게 된다. 보다 강한 마약을 찾아 헤매거나 온종일 알코올에 취해 살아가거나 일상에서의 기본적인 활동조차 외면하고 도박이나 스마트폰 사용에 몰두하게 된다.

그러나 개인이 일상에서 자기에게 닥쳐오는 고통을 주시하면서 받아들이고 어려움을 이겨 내고 목표를 성취할 때, 또 타인에게 봉사할 때, 깨달음을 얻을 때 분비되는 천연 도파민은 몸과 마음에 부작용이 없으며 개인과 가정, 사회를 더 행복하게 하는 것으로, 중독행동을 통해 인위적으로 방출되는 도파민과는 질적으로 큰 차이가 있다.

학습이론

중독은 심리학의 학습이론으로 설명되기도 한다. 개인의 행동은 강화의 과정을 통해 학습될 수 있으며, 이는 정적 강화와 부적 강화로 구분된다. **정적 강화**는 어떤 행동을 했을 때 개인이 원하는 보상이 주어지는 것이며, **부적 강화**는 어떤 행동을 했을 때 개인이 고통스러워하는 어떤 것들이 사라지는 것이다.

스마트폰을 사용하니까 기분이 좋아지는 것, 게임을 통해 다른 사람들에게 인정받는 것 등은 정적 강화이다. 스마트폰을 사용할 때 외로움이나 불안이 사라지거나 스마트폰 사용을 통해 불안이나 초조 등의 불쾌한 금단증상이 사라지는 경험을 하는 것은 부적 강화이다. 스마트폰 사용은 이처럼 정적 강화와 부적 강화 모두를 통해 학습될 수 있으며, 이것이 반복되면서 개인은 점차 중독에 빠져든다.

심리적 특성

스마트폰 사용과 관련되는 주요한 심리적 특성은 충동성, 불안과 우울, 외로움, 수치심, 적개심, 스마트폰 사용 욕구 등이다.

충동성

높은 수준의 충동성은 중독을 예측하는 대표적인 성격 특질 가운데 하나이다. 충동성이 높은 개인은 장기적이고 건설적인 보상보다는 눈앞에 놓인 즉각적인 보상에 초점을 맞춰 행동하는 경향이 있다. 이들은 장기적으로 본인에게 해가 될 여지가 있음에도 다른 할 일들을 미뤄 두고 스마트폰 사용에 몰두한다. 중독이 심화될수록 개인의 억제력이 손상되면서 충동성이 더욱 강해질 수 있어, 충동성과 스마트폰 중독은 악순환의 고리를 보이는 경우가 흔하다.

불안과 우울

불안하고 우울한 사람은 이를 회피하기 위해 중독 대상을 찾기 쉽다. 인터넷 중독과 관련된 연구에서 우울 증상과 인터넷 중독 사이에 유의미한 상관이 확인된 바 있다(Banjanin et al., 2015). 가족이나 친구로부터 인정받거나 사랑받고 싶은 욕구가 좌절된 청소년, 또는 개인적 목표를 성취하지 못하거나 대인관계의 어려움을 겪는 청소년은 불안하고 우울해지기 쉽다. 충동성과 마찬가지로 불안과 우울 또한 중독의 원인인 동시에 결과가 될 수 있다.

외로움

청소년기는 외로움을 많이 느끼는 시기이다. 특히 대인관계 욕구를 충족시킬 수 있는 관계망이 부재하거나 경쟁사회에서의 부적응과 실패의 경험은 사회로부터의 고립되고 외로움을 경험하게 하고, 스마트폰 중독에 취약하게 한다(김영경, 2017; 여지영 외, 강석영, 김동현, 2014). 외로움을 많이 느끼고 자아존중감이 낮을수록 청소년의 스마트폰 중독 증상이 높았다(여종일, 2016). 외로움을 많이 느끼는 청소년은 스마트폰 사용으로 도피하거나 온라인상에서 위로받으려 한다.

수치심

중독자는 수치심이 많다. 수치심은 개인이 자신의 존재 자체를 수치스럽게 여기는 것이다. 특히 어린 시절에 부모로부터 충분한 돌봄과 관심을 받지 못한 경우, 부모가 자신을 무가치하게 여긴다고 생각하며 수치심을 가지게 된다. 수치심은 피해의식으로 쉽게 연결될 수 있으며, 대인관계를 어렵게 하고, 중독 대상에 의존하게 만든다. 이 수치심으로 인해 낮은 자존감이 형성된다. 자존감이 낮은 사람은 자기뿐만 아니라 상대와 상황을 부정적으로 왜곡하여 대인관계가 좋지 않다. 다른 사람이 자기에게 잘 대해 주더라도 스스로를 비하하고 있어 상대의 뜻을 왜곡해서 받아들여 관계 형성을 잘하지 못한다.

수치심이 일어나면 그것을 알아차리고 수용하라. 그렇게 하면 마음이 편안해지며 조절력이 강화된다.

적개심

주변 사람들에 대한 적개심이 높은 청소년은 이를 스마트폰 사용을 통해 표현하거나 해소하려 할 수 있다. 어떤 청소년은 부모가 좋아하는 일을 하지 않고, 부모가 걱정하고 싫어하는 스마트폰 사용 등에 몰두함으로써 부모에 대한 적개심을 간접적으로 표현한다. 또 다른 청소년은 스마트폰을 통해 폭력적인 게임을 하거나 온라인상에서 공격적인 대인관계 상호작용을 하면서 적대감을 해소한다. 그러나 연구 결과, 스마트폰 중독이 심화될수록 적개심과 공격성은 오히려 높아지는 경향이 있었다(박혜선, 김형모, 2016).

스마트폰 사용을 유도하는 다양한 욕구

청소년을 스마트폰 사용에 몰두하게끔 만드는 다양한 종류의 욕구가 있다. 현실에서보다는 온라인상에서 만난 사람들과 친밀한 관계를 형성하고자 하는 온라인 관계 형성, 현실의 친구들과 정보를 교류함으로써 인정받고자 하는 현실 친구 소속 인정, 스마트폰을 사용하면서 자신이 중요한 사람이라고 확인하는 자기 확인, 온라인상에서의 새로운 자기 경험, 보이지 않는 사람에게 자기의 생각을 좀 더 자유롭게 표현하고 댓글을 다는 의견 표현, 평소에 하지 못하였던 자신의 감정을 온라인상에서 표현하는 정서 표현, 새로운 지식이나 정보를 얻기 위한 정보 습득, 스마트폰을 사용하면서 자신의 부정적인 감정을 잊고자 하는 스트레스 해소, 게임 속에서 세상을 자신이 통제하고 원하는 방향으로 움직이는 게임 조작을 통한 성취, 즐거움을 느끼기 위해서 스마트폰을 사용하는 재미 등이다(신성만 외, 2018에서 재인용).

대인관계 문제

〈스마트폰 중독에 빠진 SNS 가상스타 C양〉

C양은 SNS에서 스타이다. 많은 사람이 그녀의 SNS를 방문하여 구독하고 댓글도 달고 관심을 표현한다. SNS에서는 인기가 많은 C양이지만, 현실에서는 남들과 대화조차 어려워하는 내성적인 성격이다. 또래뿐만 아니라 학교 교사와도 소통하는 데 어려움이 있으며, 조별 모임 등 단체로 하는 활동을 불편해한다. SNS에서는 글로 표현하거나 사진을 통해 표현할 수 있지만 현실에서는 표정, 언어 등이 상대방에게 그대로 노출되어 자신을 포장하기 힘들다며 사람들과의 소통을 단절하려고 한다.

C양과 같이 대인관계에서 "불안하고 외롭고 소외되었다."고 생각하는 사람일수록 스마트폰 중독에 빠지기 쉽다(정민, 2015). 높은 수준의 대인관계 불안은 부모와도 폐쇄적인 의사소통을 하고 또래관계를 부정적으로 지각하게 만든다. 결과적으로 스마트폰에 빠져

들기 쉽게 한다(고은혜, 김근영, 2017). 대인관계가 어렵고 외로운 청소년은 스마트폰이 제공하는 가상의 세계로 도피하려 한다. 가상의 세계에서는 좀 더 편안한 마음으로 대인관계를 할 수 있고, 다른 사람들에게 인정도 받으면서 현실에서와는 다른 만족감을 느낄 수 있기 때문이다. 실제로, 스마트폰에 중독된 청소년일수록 행복감이나 대인관계 능력이 감소되어 있었다(장덕희, 김정은, 2018). 그러나 스마트폰에 몰두하는 시간이 많아질수록 가족이나 친구들과의 관계는 더욱 악화된다. 가상 세계에의 몰두가 현실에서의 적응력을 점점 더 떨어뜨리게 한다.

대인관계 불안은 어린 시절 경험에서 비롯된 왜곡된 사고와 관련되는 경우가 많다. 어떤 청소년은 '나는 늘 혼자다. 다른 사람은 날 이해하지 못한다.' '다른 사람은 나를 무시할 거야.'와 같은 생각을 하면서 친밀한 대인관계를 기피한다. 자신의 진솔한 감정을 표현하기가 두렵거나, 자신의 감정을 잘 표현하는 방법을 모르기에 스마트폰으로의 도피를 선택하게 된다. 부모는 자녀가 혹시라도 이처럼 왜곡된 사고를 가지고 있지는 않은지 살펴보고 생각을 변화시킬 수 있도록 도와줄 필요가 있다.

어떤 청소년은 대인관계적인 불안보다는 또래관계에 대한 부적응적인 추구로 인해 스마트폰 중독에 빠져들기도 한다. 긍정적인 또래 관계는 성장 발달에 중요하지만, 부정적인 또래 관계는 청소년을 스마트폰 중독으로 이끌 수 있다. 예를 들어, 어떤 청소년은 스마트폰 게임에 중독된 친구와 사귀면서 자신도 게임중독에 빠지게 된다. 또 다른 청소년은 스마트폰을 통한 활동에 자신이 참여하지 않으면 또래 집단에서 소외될 수도 있다는 두려움으로 온종일 또래와 스마트폰을 사용하기도 한다. 부모는 자녀와의 대화를 통하여 지금 자녀가 어떤 또래들과 만나는지, 또래들과 만나면 스마트폰을 얼마나 사용하는지를 알아보고 자녀가 더불어 성장할 수 있는 건강한 또래를 만나도록 안내해야 한다. 만약 자녀에게 중독문제가 있다면 중독에서 잘 회복 중인 또래부터 회복에 필요한 여러 정보와 지지를 받을 수 있다는 것도 알려 주어야 한다.

부모의 양육태도

〈스마트폰 도박으로 가정이 파괴된 A군〉

평소 A군의 아버지는 자기중심적이며 대화를 할 때 일방적이고 강압적인 태도를 보이고 있으며, 부부간의 관계도 좋지 않았다.

A군은 불법 온라인 스포츠 사이트에 매일 접속하였다. 처음에는 스트레스를 해소하기 위해 시작했지만, 게임에서 이긴 후 금전적인 보상을 몇 번 받으면서 점차 돈을 더 많이 벌고 싶었다. 그러나 게임하는 횟수가 증가하면서 불법으로 통장을 대여하여 사용하였고, 이 과정에서 다른 사람의 신분을 도용하는 등의 문제로 경찰

에 구속되었다.

A군의 부모는 피해자에게 금전적 보상을 하게 되었으며, 이 사건을 계기로 부부간의 관계가 더욱 악화되어 이혼에 이르게 되었다.

A군의 가정에서 보듯이 중독은 가정의 문제에서 비롯되기도 하고, 중독으로 가족이 불행에 빠지기도 한다. 청소년이 부모로부터 사랑받고 있다는 느낌을 충분히 경험하지 못하고 애착관계가 형성되지 않으면, 자존감이 저하되고 우울하고 불안해지기 쉬우며 자기통제력이 약화되어 중독에 취약하게 된다(오현희, 김현진, 2014). 만약 부모가 충분한 관심을 쏟았음에도 자녀가 중독의 문제를 가지고 있다면, 부모는 자신이 자녀를 어떤 태도로 대하고 있는지 다시 점검해 보아야 한다. 예를 들어, 자녀에게 강압적이며 지시적으로 대하는 부모는 자기를 객관화해서 보지 않는 한 '내가 이렇게 행동하는 것은 다 내 아이를 위한 것이다.'라고 생각할 수 있다. 그러나 부모의 이와 같은 태도는 자녀를 불안과 무력감, 분노감에 잠기게 만들 수 있으며, 결과적으로 자녀가 스마트폰 중독의 위험성을 가지게 된다.

도박 중독자 가족 모임에서, 중독자 자녀를 둔 어머니가 "예전에는 내 말과 행동이 자녀를 위한 것이라고 생각했었는데, 지금 와서 보니 사실은 내 마음이 편해지려고 그렇게 행동했다는 것을 알게 되었다."고 말하면서 눈물을 흘리기도 하였다. 어떤 어머니는 자식이 진 도박 빚을 여러 번 갚아주었는데, 그때마다 갈등하면서 '그래도 자식이 교도소에 가지 않도록 하기 위해서라도 이번만은 갚아주어야지!' 하고 생각하였다고 한다. 그러나 어머니 본인이 자기의 마음을 순수하게 주시해 보면, 결국 이는 어머니 자신이 자녀의 빚을 갚아주지 않으면 마음이 불편하기 때문임을 알게 된다. 그리고 그런 행동이 결과적으로 자녀가 도박을 계속하도록 도와주었다는 것을 깨닫게 된다.

이처럼 중독에 빠진 자녀를 둔 부모는 자신의 감정을 주시하고 받아들이는 것으로 많은 도움을 받을 수 있다. 자기 주시를 하는 부모는 보다 편안하게 자녀의 입장을 고려하고, 자녀가 행복할 수 있는 건설적인 방안을 탐색할 수 있다. 부모는 자녀에게 관심을 가지되 해 주지 않아야 할 일은 해 주지 않는 냉정한 사랑이 필요하다. **냉정한 사랑**이란 정서적으로 너무 밀착되거나 차가운 거리가 아닌 가장 적절한 거리를 두고 지혜롭게 사랑하는 것이다.

방임

〈부모의 관심이 부족한 D군〉

부모의 맞벌이로 가정에서 혼자 보내는 시간이 많은 D군은 어릴 때부터 스마트폰 없이는 살 수 없었다. D군은 유아기 시절부터 동화, 온라인 콘텐츠 등을 보면서 성장했고 현재도 스마트폰을 통해 학습까지 하는 상태이다. 최근에 D군은 너무 많은 웹툰과 게임, 콘텐츠를 보다 보니 더 이상 흥미를 느끼지 못하고 자극적인 음란물을 접하게 되면서 많은 시간을 스마트폰을 사용하면서 보내고 있다.

다양한 이유들로 부모가 자녀양육에 시간을 내지 못하거나 혹은 개인적인 문제로 자녀양육을 소홀히 할 경우, 자녀는 외로움과 불안을 느낄 수 있다. 이러한 부정적 감정은 스마트폰 사용에 매달리게 되는 단초를 제공한다. 함께 있는 시간을 활용하여 자녀로 하여금 "부모님은 나를 사랑하고 계신다."는 믿음을 가질 수 있도록 해야 하며, 가능한 한 자녀와 함께하는 시간을 늘리기 위해 노력해야 한다.

과잉보호

〈과잉보호의 희생자 K양〉

늦둥이인 K양의 어머니는 걱정이 많다. '혹시라도 K양에게 나쁜 일이 일어나지 않을까?' '학교에서 친구들과 잘 어울리지 못하는 것이 아닐까?' 하면서 걱정하던 K양의 어머니는 스마트폰에 위치 추적 애플리케이션을 설치하여 K양의 이동 경로부터 현재 어디에 있는지 확인하여 K양의 모든 행동을 알고자 하였다. 또 K양이 스스로 해결해야 할 문제도 어머니 자신이 알아서 먼저 해결하려고 했다.

현재 우리 사회의 많은 가정에서 자녀가 하나 혹은 둘뿐이라서 부모가 이전에 비해 자녀에게 더 많은 관심을 가진다. 그러나 자녀에게 지나치게 간섭하고 보호하려는 과잉보호는 자녀를 스마트폰 중독에 빠져들게 만드는 위험요인으로 작용할 수 있다. 과잉 보호적인 부모 아래에서 자라난 자녀의 경우 자존감이나 자기통제력이 낮아져 스마트폰에 중독될 가능성이 증가한다(김병년, 최홍일, 2013).

부모는 자녀에 대한 자기의 감정을 주시하고 우선 부모 자신이 행복하기 위해서 무엇인가를 시도해야 한다. 또 부모는 자녀가 자기 인생에서 부딪히는 문제를 스스로 책임지고 잘 해결해 나갈 수 있다고 믿고 지켜보면서 기다려 줄 수 있어야 한다.

● 왜 아이들은 중독에 빠지게 될까

* 스마트폰 중독
  - 스마트폰 기기의 특징: 스마트폰 기기 자체가 갖는 휴대성, 편리성 등의 부가적인 기능이 스마트폰에 집착하게 만든다.
  - 도파민 등 강화물질: 도파민은 기분을 좋게 만드는 신경전달물질이다. 중독은 대부분 도파민의 방출로 인한 기분 좋은 느낌에 노예가 된 삶을 살아간다.
  - 학습: 학습은 강화된 행동이다. 스마트폰 중독은 이러한 강화의 경험을 통해 학습된다.
  - 개인의 심리적인 요인: 중독자는 대부분 충동성, 불안과 우울, 외로움, 수치심, 적개심, 스마트폰 사용 욕구 등을 갖고 있다.
  - 대인관계 문제: 청소년기에는 또래관계에 많은 영향을 받는다. 또래가 스마트폰 중독일 경우는 중독에 빠질 위험성이 높다.
  - 부모의 양육태도

아버지	자기중심적, 일방적, 엄격
어머니	부정적 사고, 우울한 정서, 분노 감정
중독과 가정의 관계	중독자 가족은 중독자로 인하여 불안하고 걱정이 많고 우울증상을 보이기도 함. (중독–가정: 유의미한 관계)
	자녀에게 강압적, 지시적 양육 → 부모에게서 느끼는 분노감, 무력감을 해결: 스마트폰 사용 → 갈등 상황 시 지속적인 스마트폰 사용: 중독
예방	자녀에 대한 적절한 관심과 쌍방향적인 상호 의사소통 무관심: 방임 – 외로움으로 인한 중독 발생 과도한 관심: 과잉보호 – 지나친 간섭은 부모와의 갈등 형성 – 중독 발생

04
우리 아이 스마트폰 중독 평가하기

〈스마트폰 중독에 빠진 자녀를 둔 A씨〉

A씨의 딸 B양은 방문을 걸어 잠그고 밖으로 나오지 않는다. 최근에는 말수가 적어지고 스마트폰을 손에서 놓지 않고 있으며, 밤에 수면을 취했다고 하지만 아침에 일어나는 것을 힘들어하고 눈이 늘 충혈되어 있다. 스마트폰뿐만 아니라 충전기에도 집착을 하는 모습이 관찰된다.

자녀의 스마트폰 문제 인식하기

부모는 자녀가 스마트폰을 어떤 상황에서 얼마나 오랫동안 사용하는지 관심가져야 한다. 자녀가 스마트폰 사용에 문제가 있는지를 단순히 사용 시간만으로 평가해서는 안 된다. 학업이나 일상에서의 역할 수행과 관련한 건설적인 목적으로 스마트폰을 사용하는 경우도 많기 때문이다.

스마트폰을 직접 사용하지 않더라도 스마트폰에 집착하는 상태라면 그 또한 중독의 문제가 의심된다. 스마트폰 사용에 몰두하여 할 일을 제대로 하지 못하거나, 사용 시간이 점점 더 증가하고 있거나, 스마트폰을 사용하지 않는 상태에서 느껴지는 불안이나 초조 등의 금단증상이 있다면 스마트폰 중독이 의심된다. 자녀가 이러한 문제들을 스스로 인지하면서도 사용량을 조절하지 못하고 있으면 이미 스마트폰 중독이 진행된 상태일 가능성이 있다.

지금 자녀가 사귀는 친구들이 스마트폰 중독 문제를 가지고 있는지 알아보는 것도 필요하다. 청소년기는 또래의 영향이 중요하므로 친한 친구가 중독의 문제가 있는 경우 본인도 중독의 위험에 빠질 가능성이 높아진다.

자녀의 스마트폰 문제 여부를 알아보기 위해서는 스마트쉼센터 홈페이지(대표전화 053-230-1114)에서 스마트폰 과의존 검사를 해볼 수 있다. 자녀가 솔직하게 답하지 않을 경우 검사 결과의 신뢰성이 낮아진다. 명확한 확인을 위해서는 전문가의 면담이 필요하다.

제 2 부

스마트폰에 중독된 우리 아이 어떻게 할까

Ⅰ. 자녀양육과 부모역할

05
발달시기에 따라 지도하기

<부모역할을 되찾은 A씨>

중학생인 B군은 스마트폰 중독으로 병원치료를 받았다. 어머니인 A씨는 B군의 장래에 대한 걱정으로 스마트폰을 압수하거나 요금제를 줄이는 등 부모로서 할 수 있는 여러 가지 일을 시도했지만 매번 실패하였다. 최근 A씨는 자녀가 스마트폰 중독에서 벗어나는 데 있어 부모의 역할이 중요하다는 것을 깨닫고 자녀와 대화하는 시간을 많이 가졌다. 자녀와 합의하여 스마트폰 사용 시간을 정하고 자유롭게 할 수 있도록 하였더니 이전에 비해 사용 시간이 현저하게 감소되었다.

중독의 예방을 위해서는 자녀가 스마트폰 사용을 조절할 수 있는 힘이 있을 때까지 스마트폰을 사용하지 않도록 하는 것이 안전하다. 스마트폰이 가진 편리성이나 오락성, 즉시성 등은 인간의 마음을 쉽게 빼앗을 수 있는 강력한 유인물이다. 따라서 판단력이나 조절력이 충분히 발달되지 않은 어린 아이의 경우는 스마트폰에 더 쉽게 빠지게 된다.

자녀의 발달 단계에 따라 스마트폰을 사용할 때 느끼는 즐거움 대신에 다른 건전한 놀이나 일에서 즐길 수 있는 것을 찾아보고 몰입의 즐거움을 체험하도록 하는 것이 좋다. 특히 부모와 같이 시야가 확 트인 자연 속에서 오감을 느낄 수 있는 경험을 갖는 것이 효과가 있다. 스마트폰 사용에 대한 지도 방식은 영유아, 초등학생, 중·고등학생 등 발달단계에 따라 구분하여 적용되어야 한다(김현수 외, 2015).

영유아기 자녀를 둔 경우

영유아기 자녀를 둔 많은 부모가 이른 시기부터 자녀의 스마트폰 사용으로 많은 고민을 하고 있다. 36개월 미만의 영아 중 75% 이상이 스마트폰을 사용하고 있었으며, 약 70% 정도의 영아는 24개월 이전부터 스마트폰을 사용하고 있다(류미향, 2014).

영유아기에 부모가 집에서 스마트폰을 자주 사용하는 모습을 보이는 것은 영유아에게 자연스럽게 스마트폰 기기와의 접촉 기회를 주는 것으로 조심해야 할 행동 중 하나이다(류미향, 2014). 자제력이 부족한 영유아가 스마트폰을 자주 접하면 초등학교나 중·고등학교에 진학해서도 스마트폰 중독에 빠질 위험성이 있으며, 도박이나 다른 중독에도 빠질 가능성이 있다. 이 시기에 부모는 자녀로 하여금 스마트폰보다는 자기의 신체나 오감을 활용한 놀이문화에 관심을 가질 수 있도록 유도하고, 과도한 스마트폰 사용을 제한하면서, 사랑의 마음을 전달할 수 있어야 한다(남경희, 2017).

자녀의 스마트폰 사용을 제한하거나 적절히 관리하던 부모들도, 모임에 가서나 대중교통 등을 이용할 때 자녀가 스마트폰 사용을 요구하며 떼를 쓰기 시작하면 마지못해 허락해 버리는 경우가 많다. 이와 같은 예외적 허용은 자녀가 스마트폰에 더욱 집착하게 할 위험성이 있다. 한 가지 좋은 방법은 외출에 앞서 자녀와 명확한 규칙을 정해 두는 것이다. 보상과 처벌이 명확한 규칙은 자녀의 돌발적인 행동을 예방하는 데 도움이 된다. 자녀가 스마트폰 사용을 요구하기 이전에 꾸준히 관심을 가져주면서 지루함을 덜 느끼게끔 하는 것 또한 효과적인 예방법 중 하나이다. 이러한 노력에도 불구하고 자녀의 스마트폰 사용 요구로 인해 난처한 상황이 발생했다면, 부모는 우선 자기의 마음을 주시하여 마음의 평정과 객관적인 시야를 되찾아야 한다. 그런 다음 자녀에게 부드럽지만 단호한 태도로 대응하면서, 스마트폰 대신 다른 건강한 자극을 찾을 수 있도록 유도해 주어야 한다. 이런 상황을 대비하여 자녀가 호기심을 가질 만한 대안적인 장난감이나 그림책 등을 챙겨 두는 것도 유용하다.

초등학생 자녀를 둔 경우

초등학교에 다니는 동안 자녀는 부모의 관심과 협조를 더욱 필요로 하게 된다. 부모에게 사랑받고자 하는 욕구가 충족되지 않으면 자녀는 불안이나 우울과 같은 부정적인 정서 상태에 빠져들기 쉽고, 이를 스마트폰 사용으로 도피하여 해소할 수 있다. 부모는 자녀의 정서상태가 어떤지 자주 살펴보고 확인해 보아야 한다. 자녀가 편안한 마음으로 지내면서, 부모로부터 충분히 사랑받고 있음을 느끼도록 해야 한다.

이 시기에도 역시 운동이나 예술 활동, 독서, 여행 등을 함께하면서 자녀와 조금이라도 더 즐거운 시간을 보내고자 노력해야 한다. 부모와 함께 재미있는 놀이를 하며 건강한 자극을 받고 행복을 느끼는 시간만큼 자녀의 스마트폰 사용은 줄어들게 된다.

또한 초등학생은 또래의 영향을 많이 받으므로 자녀가 사귀는 친구들이 누구인지 알아볼 필요가 있다. 만약 자녀가 스마트폰 게임이나 사용에 문제가 있는 친구와 어울릴 경우, 나쁜 영향을 받지 않게끔 살펴보면서 건강한 친구들과 좋은 관계를 형성할 수 있도록 유도해야 한다.

중·고등학생 자녀를 둔 경우

중학교에 입학한 후에는 불안이나 우울 등의 문제 외에도 진로나 정체감의 문제 때문에 스마트폰 중독으로 빠져드는 경우가 있다. 진학이나 취업에 대한 걱정, 진로선택에 대한 부담스러움, 정체감의 혼란이나 불안 등은 스마트폰 사용의 원인이 될 수 있다. 부모는 자녀의 진로문제를 함께 의논해 보고, 자녀가 자신에게 잘 맞는 진로를 찾아내고 결정할 수 있도록 격려해 주어야 한다. 장기적인 직업 목표와 진로에 대한 확신이 있는 청소년은 중독으로 도피할 가능성이 적다.

만약 자녀가 게임에 빠져 있으면서 "나는 앞으로 게임 프로그래머가 되겠다."고 말할 경우, 그러한 진로 목표가 정말로 합리적이고 건강한 고민을 바탕으로 결정된 것인지 혹은 회피하고자 하는 마음에 의한 것인지 확인하기 위해 대화를 나누어야 한다. 후자라면 보다 적성에 맞는 일을 찾도록 필요한 정보를 찾고 지지해 주어야 한다. 정말 자신에게 그러한 적성과 소질이 있는지에 대해 관련 분야 전문가(예: 게임산업에 종사하는 게임 프로그래머)에게 자문을 구하는 것은 자녀의 진로적성을 올바로 이해하게 한다.

청소년기 자녀가 스마트폰에 과도한 집착을 보이기 시작했다면, 부모는 자녀가 가진 몰입의 능력이 보다 건설적인 방향으로 사용될 수 있도록 지속적으로 지지하고 격려해야 한다. 자녀가 긍정적인 일에 몰입하여 열심히 노력하는 모습을 보일 때 즉각적으로 칭찬해 주는 것이 중요하다. "엄마는 네가 열심히 공부하는 것을 보니까 기분이 좋다." "우리 딸 참 성실하네." 등의 말은 자녀의 긍정적인 행동 강화에 큰 효과가 있다. 자녀가 가지고 있는 재능이나 특기, 능력보다는 목표를 향해 열심히 노력하는 과정 그 자체를 격려하고 지지해 주어야 한다. 부모는 이 모든 과정에서 자신의 감정을 잘 주시하면서 자녀의 문제와 자신의 문제를 분리해서 보아야 한다. 자녀에게 피드백을 주기에 앞서 부모 자신의 내면에서 일어나는 불안, 걱정, 무력감을 주시하고 다스릴 필요가 있다. 자녀의 문제행동을 교정하고 자존감을 높여 주되, 정서적으로는 분리되고 독립되어 있는 부모가 자녀에게 진정 필요한 도움을 제공한다.

06 나는 괜찮을까

〈자녀와 함께 스마트폰 중독에서 벗어난 A씨〉

자녀에게 스마트폰을 사용하지 말라고 말하면서도 실제로 A씨 본인은 스마트폰을 많이 사용하는 것을 알게 되었다. A씨는 스마트폰을 멀리하기 위해 가족이 일주일에 한 번씩 함께할 수 있는 활동들을 정하였다. 또 가족과 합의하여 스마트폰 사용 시간을 정하여 실천하고 있다. A씨 가족은 이전에 비해 대화 시간이 많이 늘었고 스마트폰으로 보내는 시간보다 함께 대화하면서 여러 가지 대안활동을 하고 있다.

자기점검하기

만약 어떤 사람이 지금 자기가 검은 색의 안경을 쓰고 있다는 사실을 알지 못한 채, 다른 사람에게 "세상이 어둡다."고 말하면 사람들로부터 비웃음을 살 수 있을 것이다. 부모 자신이 "나는 누구인가?"를 알지 못한 채, 자녀를 자기의 잣대로 보면서 자기의 말이 진리요, 사실인 것처럼 말하는 잘못을 범할 수 있다. 부모가 자기를 잘 성찰하는 만큼 자녀를 올바로 이해하고 자녀에게 필요한 도움을 주게 된다. 부모는 자녀의 문제나 스마트폰 중독에 대해서 아는 것도 중요하지만, "나는 누구인가?" "나의 문제가 무엇인가?" "나는 어떤 사람인가?" 등에 대해서 성찰해 보는 시간을 가져야 한다.

자녀는 부모의 말이나 행동에서 드러나는 삶의 태도, 가치관을 보고 배운다. 부모의 태도가 올바르지 않다고 생각함에도 불구하고, 비슷하게 닮아가기도 한다. 그만큼 부모는 자기의 행동이 자녀에게 중요한 영향을 미칠 수 있음을 기억하고, 자녀의 스마트폰 중독에 잘 대처하기 위해서라도 자신을 깊이 성찰해야 한다. 꾸준한 자기주시를 바탕으로 자녀에게 비춰지는 자신의 모습이나 자녀를 대하는 태도를 객관화하여 점검해 보아야 한다.

〈스마트폰 중독을 자각한 O씨〉

O씨의 딸은 스마트폰에 지나치게 몰두하는 모습을 보였다. O씨는 딸의 스마트폰 사용을 제한하면서 이를 딸에 대한 통제 수단으로 사용하곤 했다. 어느 날 스마트폰을 두고 출근한 O씨는 하루 종일 불안하고, 업무에 집중하지 못하는 등의 증상을 경험하면서, 본인 또한 스마트폰에 중독된 상태가 아닐까 걱정하게 되었다. 이에 O씨는 스마트폰 중독 문제에 대해 상담하고자 관련 전문기관을 방문하였다.

O씨의 사례와 같이 스마트폰에 중독된 자녀를 둔 부모 가운데에는 이와 유사한 중독 문제를 가지고 있는 경우가 많다. 스마트폰을 사용하지 않으면 불안하고 짜증이 나는 것과 같은 금단증상은 이러한 가능성을 보여 주는 특징 중 하나이다. 이와 같은 위험신호가 나타났다면 부모 역시 전문상담가를 만나 보아야 한다.

스마트폰 사용의 모범이 되기

자녀가 하기를 바라는 행동을 부모가 솔선수범하여야 한다. 부모부터 과도한 스마트폰 사용을 자제하고 건강한 사용 습관을 보여야 한다. 부모가 집에서 혼자 스마트폰을 사용하면서 시간을 보내면 자녀는 부모로부터 받지 못한 사랑을 스마트폰 사용으로 위로받으려 한다. 부모가 스마트폰을 많이 사용하면 할수록 그만큼 자녀와 보내는 시간이 줄어들어 자녀와 부모 모두가 행복할 수 있는 시간을 스마트폰에 빼앗기게 된다(임영주, 2018).

자녀가 행복하기를 바란다면 부모는 집에서 스마트폰 사용이나 TV 시청에 시간을 쏟기보다는 자녀와의 대화나 독서, 또는 함께하는 놀이에 보다 많은 시간을 투자할 수 있어야 한다. 스마트폰을 내려놓고 자녀와 대화하고 함께하는 추억들을 쌓아 나간다면 이는 결국 더 큰 가족의 행복으로 이어진다.

스마트폰 사용 외에도, 부모가 일상에서 모범적인 행동을 하는 것이 자녀의 조절력 향상에 도움이 된다. 아침식사를 거르지 않는 것, 세끼 식사를 잘 씹어 먹는 것, 식사를 할 때는 다른 것에 신경 쓰지 않고 가족들과 대화하면서 먹는 것, 독서하는 것 등을 자녀가 보고 배울 수 있어야 한다. 가정에서의 일상적인 대화에서도 좋은 말, 고운 말, 긍정적인 말을 쓰고자 노력하는 모습을 보여야 한다. 말이 씨가 된다고 하였듯이 거친 말을 쓰면 마음도 거칠어지고 자녀도 이를 배울 수 있다(이시형, 2016).

가족의 행복을 위해 부모가 가정에서 자녀에게 모범이 될 수 있는
행동에는 어떤 것들이 있는지 적어 보십시오.

07
좋은 부모가 되는 길

〈상담을 통해 부모로서의 역할을 되돌아보게 된 K씨〉

아동학대 문제로 상담을 받던 K씨는 프로그램 중에 자기의 과거 어린 시절의 기억을 회상하면서 자기가 부모에게 학대당했던 경험을 이야기하고 오랫동안 큰 소리로 울었다. 한참 후 마음을 정리한 K씨는 "내가 어머니에게 학대당한 그대로 나도 자녀를 학대하고 있었다."고 말하면서 흐르는 눈물을 감추지 못하였다.

나를 먼저 사랑하기

자녀가 스마트폰 중독에 빠져 있다면, 부모는 지금이야말로 스스로를 성찰하면서 자기를 보살피고 사랑해야 할 때임을 알아야 한다. 부모는 K씨의 사례와 같이 어린 시절 부모와의 관계로 힘들었던 경험이나 결혼생활에서 겪는 스트레스를 가지고 있을 수 있다. 특히 자녀가 성장하는 동안 부모는 자녀양육, 일과 가정생활의 양립 등으로 많은 스트레스를 받게 된다. 부모가 이러한 스트레스를 제대로 관리하지 못하고 심리적인 고통을 경험하면 자신뿐만 아니라 자녀의 행복에도 부정적인 영향을 미치게 된다. 자녀에 대한 관심이 줄어들 뿐만 아니라 자녀의 감정을 깊이 이해하기가 어렵다. 이렇게 되면 부모의 태도는 자녀의 스마트폰 중독을 오히려 촉진시키는 위험요인이 된다. 자녀를 돕고자 하더라도, 자녀의 마음을 깊이 이해하지 못하고 자신의 뜻대로만 통제하려 하다 보니 진정한 도움을 주기 어렵게 된다. 따라서 부모는 우선 자신을 주시하고 자신의 감정을 수용한 다음에 안정된 마음으로 자녀의 중독문제에 대해 고민해 보는 것이 좋다. 스트레스를 받고 있다면 '내가 지금 스트레스를 받고 있구나!' 하고 알아차리는 것이 필요하다. 자신을 객관화해서 보면 자신을 수용하기 쉽고 다른 사람도 있는 그대로 인정하고 받아들일 수 있는 여유가 생긴다. 지금 이대로의 나를 인정하고 사랑할 수 있을 때 가족이나 다른 사람을 잘 사랑할 수 있다.

자녀의 스마트폰 중독을 완화하는 방법 가운데 가장 중요한 것

역시 자녀가 자기 자신을 사랑하고 행복함을 느낄 수 있게끔 부모가 자녀에게 관심을 갖고 인정해 주는 것이다. 스마트폰에 중독되어 있는 청소년은 자존감이 낮고 자신이 처한 현실을 불행하게 인식하는 경우가 흔하다. 부모로부터 인정을 받고 사랑을 느끼면 자존감이 올라간다. 알코올 중독자나 도박 중독자의 회복의 목적이 단주나 단도박이 아니라 새로운 삶의 태도를 배우는 것과 같이 스마트폰 중독으로부터의 회복도 청소년이 자기를 사랑하면서 자기 역할을 다하며 즐겁게 살아갈 수 있게, 삶의 태도를 바꾸도록 도와주는 것이다(박상규, 2018a; 조근호, 2016). 그 일은 부모가 가장 잘할 수 있는 일이며 해야 할 일이다.

자기를 사랑하기 위한 전제 조건 중 하나는 건강한 신체와 생활습관이다. 운동, 규칙적인 영양섭취, 적절한 수면과 스트레스 관리가 필요하다. 노래, 무용, 그림 그리기, 글쓰기 등 자신에게 맞는 취미활동을 찾아보는 것이 도움이 된다.

자기에게 일어나는 어떤 감정이나 생각을 억압하지 말고 있는 그대로 인정하고 부모나 상담자, 믿을 수 있는 어떤 사람에게 솔직하게 표현하는 것만으로도 자기 사랑이 시작된다.

자기주시 실천하기

앞서 반복적으로 자기주시(마음챙김)의 중요성에 대해 강조하였다. 그러나 많은 사람은 자기주시가 구체적으로 무엇인지, 자신과 주변 사람의 삶을 변화시키는 데 얼마나 강력한 힘을 발휘할 수 있는지에 대해 쉽게 와 닿지 않을 것이다. **자기주시**는 자기 자신을 순수하게 떨어져서 관찰하는 것이며, 자신의 욕구, 감정, 생각, 감각이 일어났다가 사라지는 변화를 주시하는 것이다.

마음챙김은 호흡에 대한 마음챙김으로 시작하는 것이 좋다. 호흡에 대한 마음챙김은 호흡 감각을 음미하듯이 경험하는 것으로, 호흡을 즐긴다는 기분으로 호흡감각을 관찰하는 것이다. 한 번의 들숨과 날숨을 마치 처음 대하듯이 하는 것이다. 몸 마음챙김은 몸의 각 부위의 감각을 있는 그대로 살펴보는 것이다. 행위 마음챙김은 일상에서 옷을 입으면서, 신발을 신으면서, 걸어 가면서, 음식을 먹으면서 자신의 행위를 관찰하는 것이다. 감정에 대한 마음챙김은 지금 자신의 마음에서 일어났다가 사라지는 불안이나 분노 등의 감정을 알아차리는 것이다(김정호, 2014).

'수신제가치국평천하(修身齊家治國平天下)'라는 말이 있다. 자신을 바르게 갈고 닦아야 집안을 다스릴 수 있고, 그래야 나라를 다스릴 수 있으며, 결국 천하를 경영할 수 있게 된다는 의미이다. 이처럼 자신을 바르게 갈고 닦는 것은 모든 일의 기본이며, 자기주시는 이를 위한 효과적인 수단이다. 스마트폰 중독에 빠진 자녀를 둔 부모 또한 마찬가지이다.

부모 자신이 자기를 주시하여 마음을 편안히 할 수 있어야 감정이나 아집에 휘둘리지 않고 상황에 적절한 행동을 할 수 있다. 자녀와 상호작용하는 과정에서 느껴지는 불안과 걱정, 어려움을 있는 그대로 떨어져서 관찰할 수 있으면 자신의 과거 경험으로부터 자동적으로 일어나는 역기능적인 생각들도 알아차리고 조절할 수 있으며, 불필요한 걱정이나 분노 등을 보다 잘 조절할 수 있다. 그만큼 마음의 여유가 생기며 지금까지와는 다른 선택을 할 수 있게 된다(이선애, 2016). 어머니가 직장에서 퇴근하여 집에 왔을 때 자녀가 인사도 하지 않고 스마트폰 게임에 몰두하고 있다면, 어머니의 마음 안에서 실망이나 걱정, 분노가 일어날 것이다. 이때 어머니는 '아, 내가 실망하고 있구나!' '걱정하는구나!' '화가 나는구나!' 등을 알아차림으로써 마음이 좀 더 편안해지고 감정이 조절된다.

자기주시를 잘하는 부모는 본인이 많은 노력을 쏟더라도 자녀가 변화하는 것은 결국 자녀 본인의 선택에 달려 있음을 알고, 자녀에게 감정적으로 의존하지 않으며 성숙한 태도를 취하게 된다.

반면 자기주시를 하지 못하는 부모는 자녀의 행동이나 반응 하나하나에 지나치게 영향을 받고 흔들리며, 그로 인해 결국 자녀에게도 부정적인 영향을 미치게 된다. 예를 들어, 어떤 부모는 자신이 원하는 수준만큼 자녀가 눈에 띄는 변화를 보이지 않음으로 인해 자녀에게 적대감을 품고는, 이를 자각하지 못하고 자녀에게 되레 투사할 수 있다. 사실은 자신이 자녀에게 적대감을 품고 있는데 이를 인정하지 못하고 자녀가 자신에게 적대감을 가지고 있는 것처럼 믿어 버리고 자녀와의 관계를 악화시킨다.

눈에 보이지 않는 감정을 주시하고 조절하는 것이 당장은 어렵게 느껴진다면, 우선 눈에 보이는 몸의 상태부터 관찰하는 것으로 시작할 수 있다. 몸의 느낌을 알아차리고 지금 자신의 척추가 똑바로 세워져 있는지, 몸이 이완되어 있는지 의식하고 다스리는 것이다. 척추를 똑바로 세우고 바른 자세를 취하는 것은 신체적 건강뿐만 아니라 마음을 바르게 하는 데도 큰 영향을 미친다. 몸의 상태가 안정되면, 마음이 안정되어 자기주시가 쉬워진다.

부모가 자기주시를 하면서 자기감정을 잘 조절하는 것을 자녀가 보는 것만으로도 자녀의 중독 문제 예방에 도움이 된다. 자녀는 부모가 자기 감정을 잘 다스리면서 독서나 예술 활동, 운동 등에서 즐거움을 느끼는 모습을 자연스레 모델링한다. 또한 부부간에 서로의 차이를 인정하고, 배려하는 장면을 보고 자란 자녀는 자신과 세상에 대해 긍정적으로 생각하면서 대인관계에 자신감을 가지고 타인을 배려하는 삶을 살게 될 가능성이 높다. 따라서 부모는 일상에서 지금 자신의 행동이 자녀가 본받을 수 있는 좋은 행동인지를 살펴보아야 한다. 그러기 위해서는 자기의 행동을 알아차리는 자기주시가 기본이다.

정리하면, 부모의 자기주시는 [그림 7-1]과 같은 과정을 거쳐 자녀의 중독 문제 예방에 기여한다.

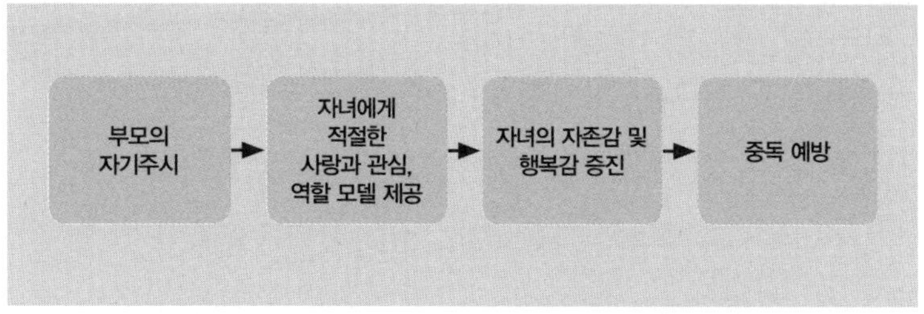

[그림 7-1] 부모의 자기주시와 자녀의 중독 예방

부모는 자녀의 스마트폰 사용 문제에 대해 대화를 나누기 전에 지금 이 자리에서 자기의 마음을 떨어져서 바라본 다음, 자녀가 현재 처한 상황과 생각, 감정 등을 자녀의 입장에서 살펴보아야 한다. 자녀가 스마트폰으로 오랜 시간 게임을 하는 것을 보았다면 지금 자기의 내면에서 일어나는 분노나 안타까움을 주시해야 한다. 단순히 '화가 나네.' 라고 알아차리거나 혹은 '분노'라고 감정에 이름을 붙여도 된다. 이렇게 하는 것만으로도 감정을 다스리고 조절하는 것이 상당히 수월해진다. 만약 지금 이 상황에서 자녀와 대화하는 것이 적절하지 않다면, 조급해하지 말고 나중에 상황을 보아서 대화를 시작하도록 연기할 수 있어야 한다.

다음의 상황은 하나의 예시이다.

어느 아버지는 딸이 최근 치러진 시험에서 평소보다 낮은 성적을 받았다는 것을 알게 되었다. 그는 이러한 성적 하락이 최근 지나칠 정도로 딸이 스마트폰에 몰두하였기 때문이라고 판단하고 처음에는 실망감과 분노감이 일어났다. 그러나 마음챙김을 통해 자신의 분노감정을 명료하게 알아차리게 되자, 곧 분노감에서 빠져나와 여유와 평정을 되찾을 수 있었다. 그러자 비로소 딸의 표정에서 혼나는 것에 대한 불안함과 함께 부모님에 대한 미안함이 엿보였다. 그는 "불안했겠구나. 미안하고."라며 딸의 마음에 공감하고 위로해 주었고, 이러한 아버지의 행동을 통해 마음이 편안해진 딸은 "아빠, 제가 요즘 스마트폰 게임에 너무 빠져 있었던 것 같아요. 이제 제대로 조절하면서 공부에 집중할게요."라며 자신의 행동을 반성하고 변화를 다짐하게 되었다.

앞의 상황에서 아버지가 자기주시를 하지 못했다면, 자신의 감정을 통제하지 못하여 딸에게 분노감을 표출했을 것이다. 또한 딸의 내면에 있는 감정이나 생각을 이해하고 공감해 주지 못하고 일방적으로 책망하게 되었을지도 모른다. 부모의 자기중심적이고 일방적인 태도는 자녀로 하여금 자신이 무가치하다는 수치심을 느끼게 할 수 있으며, 결과적으로 스마트폰을 통한 가상 세계로의 도피를 부추길 위험이 있다. 하지만 부모가 자신의 마음과 자녀의 입장을 주시한 대화는 자녀의 자존감을 살려 주면서 행동 변화를 유도하게 된다.

자신감 가지고 자녀양육하기

부모는 자녀양육에 자신감을 가져야 한다. 자녀를 기르는 것에 자신감이 없다면 불안한 자신의 마음을 순수하게 그대로 알아차리고 수용하면 된다. 인간으로서의 부모가 완벽할 수 없고 실수할 수 있음을 인정하고 지금 자신이 할 수 있는 일에 최선을 다하면 된다. 이동식 선생(1997)은 자녀를 양육하는 것이 농사짓는 원리와 비슷하다고 하였다. "씨를 뿌리고 잡초를 뽑아 주고 거름을 때맞추어 주고 제때에 김을 매주고 나머지는 보고 있어야 된다. 사람의 경우도 이와 똑같다. 자녀의 입장에서 볼 때 필요한 것은 관심이 되고 불필요한 것은 같은 것이라도 간섭이 된다."

부모에게 가장 중요한 것은 부모 자신의 욕심이나 분노로 자녀를 대하는지를 잘 분별하는 것이며, 지금 자신이 해 줄 수 있는 일만 하면 된다.

부모는 자녀가 자신이나 다른 사람을 해치는 일은 해서는 안 됨을 가르치면서, 자신이나 타인의 이익과 행복을 위한 일을 잘 할 수 있도록 격려해 주어야 한다.

부모가 자기의 말에 일관성이 없거나 말과 행동이 일치하지 않으면 부모에 대한 자녀의 신뢰가 떨어진다. 이는 좋지 못한 부모-자녀 관계의 원인이 되며, 자녀의 일상에 다양한 방식으로 부정적인 영향을 미치게 된다. 자녀의 입장에서 부모와의 관계는 생의 초기부터 함께하는 가장 밀접하고 중요한 관계이기 때문에, 부모에 대한 불신은 자신을 둘러싼 세상 전체에 대한 불신과 불안으로 이어질 위험이 있다. 결국 자녀는 그만큼 불안정해지고 자존감이 낮아지며, 장기적이고 건강한 목표를 위하여 당장의 유혹을 참고 견뎌낼 수 있는 힘을 키우지 못할 수 있다. 부모의 비일관성은 또한 모방학습을 통해서도 자녀에게 악영향을 미칠 수 있다. 부모가 자기 기분에 따라서 자녀를 대하거나 말을 자주 바꾸면, 자녀는 그런 부모의 행동을 보고 배울 수 있다. 삶에서 일관적인 태도를 유지하지 못하는 사람은 중독행동에도 그만큼 취약해진다.

그러므로 부모는 언제나 자기가 한 말에 대하여 책임을 지고자 노력해야 한다. 힘든 환경에 직면하더라도 회피하지 않고 어려움을 이겨 나가면서 성실하게 살아가는 모습을 자녀에게 보여 줄 수 있어야 한다. 또한 언제나 집 안에서 하는 말과 바깥에서 하는 말을 일치시키고자 노력해야 한다. 자녀가 잘못하여 처벌해야 할 때도 일관적인 규율을 바탕으로 공정하게 처리해야 하고, 자녀가 처벌을 받는 이유를 충분히 받아들일 수 있도록 설명해야 한다. 무엇보다도 부모는 자기를 있는 그대로 받아들이고 존중하면서 매사에 감사할 수 있어야 한다. 이러한 태도는 자연스럽게 일상의 모습에서 드러나 자녀의 자존감 증진에 기여하게 된다.

08
건강한 스마트폰 사용 습관 만들기

스스로 규칙 정하기

스마트폰 없이는 더 이상 일상적인 생활이 불가능하다고 생각하는 청소년이 많다. 실제로, 대학 강의에서도 스마트폰 사용이 필요한 조별 모임, 과제 등을 흔히 볼 수 있다. 스마트폰이 중요하고 필수적인 만큼, 이를 오랫동안 잘 사용하기 위해 자기조절력을 강화하는, 건강한 스마트폰 사용 습관을 길러야 한다. 중요한 것은 얼마나 오랫동안 스마트폰을 사용하는가가 아니라 자기 스스로 조절하면서 사용할 수 있느냐의 여부이다. 알코올 중독자는 음주에 대한 조절능력이 없어 한 잔만 마시겠다고 시작한 것이 자신을 해치는 수준까지 가기 때문에 전문가로부터 한 잔의 술도 입에 대서는 안 된다는 지시를 받게 된다. 마찬가지로 스마트폰 사용 또한 제대로 통제되지 않고 중독의 수준에 이르면 일상적이고 필요한 용도로 사용하는 것조차 위험해질 수 있다. 자기조절력이 심하게 손상된 경우에는 아예 스마트폰을 사용하지 못하게 하거나 구형 휴대전화를 사용하도록 해야 한다.

자녀가 자기조절력을 잘 유지하면서 스마트폰을 건강하게 사용할 수 있도록 하기 위해서는 스스로 규칙을 정하고 지키도록 해야 한다. 나의 수업을 듣는 학생들이 건강한 스마트폰 사용을 위한 규칙으로 제안한 내용들은 다음과 같다.

- 일과 중에는 스마트폰을 무음으로 설정하여 가방 안에 넣어 두기
- 명확한 시간을 정해 두고 사용하기 / 시간 제한 애플리케이션 사용하기
- 스마트폰 없는 시간을 많이 가져보기 / 운동과 같은 취미생활 즐기기
- 친구들끼리 스마트폰 지킴이를 정하여 불필요한 스마트폰 사용 감독하기
- 삶의 목표를 정하기

다음의 글은 스마트폰 중독에서 벗어난 어느 대학생의 체험담이다.

내가 스마트폰 중독에 빠지게 되었던 계기는 학업 스트레스였다. 고등학교 시절, 학교와 학원을 병행하며 다녔다. 학원을 가는 날은 밤 12시, 학원을 가지 않는 날은 야간자율학습으로 밤 11시에 집으로 돌아왔다. 돌아오고 난 후에는 숙제를 하였고, 이것까지 끝나면 대개 새벽 2~3시쯤이었다.

이런 상황에서 나에게 오롯이 주어진 시간은 수업 사이의 쉬는 시간과 잠자는 시간이 전부였다. 학교 친구들도 대부분 나와 비슷한 상황이었다. 친구들을 통해 스마트폰 게임을 자연스레 알게 되었다. 처음으로 한 게임은 'ㅇㅇ런'이었다. 처음에는 별로 흥미를 느끼지 못했다. 그러나 조금씩 레벨이 올라가면서 성취감을 느끼고 재미가 붙기 시작했다.

그때부터 점점 게임을 더 많이 하게 되었다. 쉬는 시간이나 집으로 돌아가는 길에 심심풀이로 조금씩 하던 것이 습관이 되어 버렸다. 그러다 어느 순간부터는 잠을 자는 시간까지 줄이면서 게임을 즐겼다. 그렇게 나는 서서히 스마트폰 게임에 중독되어 갔다.

가장 심각했던 시기에는 게임을 한다고 이틀에 한번 꼴로 밤을 새웠고, 주말에는 내내 방 안에서 하루 종일 폐인처럼 게임만 하며 시간을 보냈다. 친구들이 "판다"라고 할 정도로 다크서클이 내려앉기도 했다. 스스로도 피곤함을 심하게 느꼈지만, 게임을 멈출 수가 없었다.

그 당시에는 잘 몰랐지만 이렇게 게임에 집착하게 되었던 것은 아마도 학업 스트레스 때문이었다. 공부를 하다가 졸음이 몰려오면 "졸리니까 한판만 하자."라며 합리화를 했고, 그렇게 학업에 대한 스트레스, 진로에 대한 불안감과 우울한 기분을 회피하고자 했던 것 같다.

스마트폰을 벗어나는 데는 대학교 합격과 동시에 심리적 안정감을 되찾은 것 그리고 대학에 들어와서 좋은 사람들을 만난 것이 큰 영향을 미쳤다. 학업과 진로에 대한 부담감이 줄어들면서 이전보다 덜 빡빡하고 여유 있는 삶을 살게 되었고, 게임 대신에 다른 새로운 것(친구들과 놀러 다니기, 영화보기, 도서관 가기 등)을 즐기게 되면서 자연스럽게 스마트폰을 들고 있는 시간은 줄어들었다.

그러나 시험기간이 되면서 다시 게임을 시작한 적이 있다. 시험 스트레스나 불안으로부터 회피하고자 게임을 찾게 되었다. 대학에 다니는 거의 모든 학생이 스마트폰을 사용하지만, 일부 학생만이 스트레스를 받거나 불안할 때 스마트폰 게임이나 SNS로 도피하는 것을 보았다. 그리고 나도 그런 학생 중 하나였다는 것을 알게 되었다.

게임을 다시 시작하면서 불안감이 높아졌고, 스스로 또 중독에 빠질 것 같다는 걱정이 들었다. 수업 중이나 공부를 할 때는 스마트폰을 만지지는 않았으나 쉬는 시간이 되면 쉬지 않고 게임을 하였고, 자꾸만 계획했던 시간보다 게임을 오래 하게 되면서 상담이 필요하다고 느꼈다.

마침내 중독 분야 전문가인 교수님을 만나 상담을 받게 되었다. 그 후 불안하거나 스트레스를 받을 때면 게임으로 회피하기보다는 마음챙김 명상을 하거나 친구들과 이야기를 나누거나 또는 교정을 산책하면서 마음을 진정시키고자 노력했다.

현재도 스마트폰을 조금씩은 사용하고 있지만 전에 비해 사용 시간을 많이 줄이게 되었으며, 더 이상 스마트폰의 노예가 되지는 않고 있다.

자기 감정을 잘 주시해야 자기 인생의 주인공이 될 수 있다. 앞의 대학생과 같이 자신의 감정을 주시하고 적절히 조절해 나가면 스마트폰 사용이 일상에 장애가 되지 않는다. 그러나 조절이 되지 않으면 자기 일을 하지 못하고 불행한 삶을 살게 된다.

항상 척추를 똑바로 세우고, 몸에 힘을 빼고서, 들숨과 날숨에 집중하는 것이 자제력 향상에 도움이 된다. 신체 상태와 정신은 밀접한 관련을 가지고 있어, 자세와 호흡이 안정되면 자기조절력도 함께 강화된다.

자기행동에 대한 관찰과 기록

지금 자기가 하는 행동을 알아차리고 관찰하는 것 자체가 행동을 변화시키는 데 도움을 준다. 자기의 행동을 관찰하면 자기의 목표를 이루기 위한 행동을 할 가능성이 있다.

매일 자신이 언제, 어떤 상황에서 스마트폰을 사용하였는지 관찰하고서 기록하면 그 자체로 사용 시간이 줄어드는 효과가 있다. 자신의 스마트폰 사용 시간과 형태를 명확히 확인할 수 있으면 자연스럽게 스마트폰 사용을 조절하려는 동기가 일어난다.

꾸준한 관찰과 기록을 유지하기 위해 부모는 자녀가 '행동관찰표'를 잘 작성하였을 때 격려를 해 주면서 자녀가 좋아하는 것으로 적절히 보상해 주는 것이 좋다.

〈행동관찰표〉

자신의 스마트폰 사용 시간을 관찰하고 기록해 보십시오.

날짜	요일	시간	총 시간	상황 관찰
20XX. 10. 17.	수	-18:00~18:20 (20분) -20:10~20:15 (5분)	25분	- 학교에서 수업과제와 관련된 정보를 얻기 위해 친구와 통화로 대략 20분간 사용. - 집에서 친구와 통화로 5분간 사용.

TIP

- 충실하기: 친구와 있을 땐 스마트폰 만지지 않기
- 스스로 약속하기: 수업 시간에는 만지지 않기, 쉬는 시간에만 사용하기
- 계획하기
  예: 스마트폰 없는 날–스마트폰을 두고 다니기, 집에 두고 다니기에 불안할 때는 가방 안에 넣고 사용하지 않기
- 시험기간에는 스마트폰 off하기: 공부할 분량을 정하고 보상하기(게임 3판하기)
- 불안함 없애기: 명상하기, 친구와 이야기하기
- 수면 취하기

함께 규칙 정하기

〈가족규칙을 통해 스마트폰을 관리한 A군〉

A군의 가족은 가족회의를 통해 하루 2시간 이상 스마트폰을 사용하지 않기로 정하였다. 처음에는 스마트폰을 압수하거나 요금제를 줄이는 방법을 사용했지만 공기계를 구하거나 오히려 스마트폰에 집착하게 되는 것을 우려하여 스마트폰 사용 시간을 관리하는 애플리케이션을 설치하였다. 애플리케이션 설치를 통해 스마트폰 사용 시간을 확인하게 되었으며, 객관적인 자료가 있다 보니 갈등도 줄어들었고, 각자의 사용 시간을 초과할 경우 벌금을 내는 등의 규칙도 정하여 활용할 수 있었다.

가족이 함께 스마트폰 사용과 관련된 규칙을 만드는 것이 조절력을 높이는 데 효과가 있다. 규칙은 가족 모두가 동의하는 것으로 구체적으로 구성하는 것이 좋다. 정해진 규칙이 잘 지켜지도록 하려면 각자의 스마트폰 화면이나 집의 냉장고처럼 보기 쉬운 곳에 크게 표시해 둘 수 있다(박종연, 2013). 규칙을 잘 지켰을 경우에는 가족이 모두 합의한 내용으로 보상을 하고, 규칙을 어겼을 경우에는 책임을 지도록 명시해야 한다. 가족 규칙은 부모가 먼저 모범이 되어야 한다.

가족 규칙의 예는 다음과 같다.

- 식사할 때는 스마트폰을 사용하지 않고 대화하기
- 화장실에 갈 때는 스마트폰을 가지고 가지 않기
- 일어나자마자 간단히 스트레칭을 하고서 명상이나 기도하기
- 잠자기 두 시간 전부터는 스마트폰 사용하지 않기
- 가족과 대화할 때는 스마트폰 사용하지 않기
- 집에 오면 바로 스마트폰을 가족용 스마트폰 바구니에 집어넣기
- 걷는 도중에 스마트폰 사용하지 않기
- 잠들기 전에 마음챙김 명상이나 자비수행, 또는 기도하기
- 매주 일요일 점심은 가족이 다함께 외식하기
- 매주 수요일 저녁에는 가족이 다함께 동네 산책로를 걷기

선택과 책임 강조하기

〈스마트폰 사용에 대한 선택과 책임을 배운 D군〉

D군은 어머니와 논의하여 스마트폰 사용에 대한 규칙을 정하고, 정해진 시간보다 초과할 경우 일주일 동안의 용돈을 받지 않기로 약속하였다. 이후 게임을 하다가 스마트폰 사용 시간을 어기게 될 때마다 규칙에 따라 용돈을 스스로 포기하였고, 이때마다 어머니는 아들의 책임감 있는 행동을 칭찬해 주었다. 이처럼 약속을 지켜나가다 보니 언젠가부터는 어머니가 옆에서 관찰하지 않더라도 스마트폰 사용 시간을 초과하지 않게 되었다. 어느덧 '규칙을 지켜나가는 것' 자체에서 보람과 만족감을 느끼게 되었기 때문이다.

우리는 매 순간 무엇인가를 선택해야 하지만 그 책임은 자신의 몫이다. 선택의 순간은 우리를 긴장시키지만, 일상의 대부분은 생각 없이 자동적으로 해오던 선택, 즉 의식적으로 선택하지 않는 선택을 하는 경우가 많다. 수없이 마주하게 되는 선택의 기로에서 어떤 길은 행복으로 이어지겠지만 어떤 길은 원치 않는 불행으로 이어진다. 그러나 중요한 것은 어떤 길을 선택하든 간에 그 결과에 대한 책임은 본인이 져야 한다는 것이다. 선택과 책임의 무게를 인식하고 감당하지 못하면, 중요한 갈림길이나 고난에 마주할 때마다 이를 직면하기보다는 스마트폰과 같은 중독 대상으로 회피하려 들 수 있다.

부모는 자녀가 자기 인생의 주인공으로 책임을 가지고 살도록 교육해야 한다. 부모는 자녀가 자기 삶을 잘 살아갈 힘이 있음을 믿어야 한다.

부모는 자녀가 현명한 선택을 할 수 있게 선택의 갈림길에서 활용할 수 있는 소중한 정보들을 제공해 주어야 하며, 자녀가 잘못된 길을 선택하려 할 때는 위험을 경고하면서, 행동에 대한 책임을 피하지 않고 스스로가 감내하도록 격려해야 한다. 이는 자녀를 사랑하는 부모의 입장에서 쉽지 않은 일일 것이다. 그러나 선택과 행동의 결과를 스스로 견뎌 내고 극복해 내는 과정에서 자녀는 책임감과 자존감을 형성하면서 더욱 성장할 수 있다. 이렇게 형성된 책임감과 자존감은 자녀의 일생 전반에서 중독의 위험을 막아 주는 든든한 방어막이 된다.

애플리케이션 및 부가기능 활용하기

〈스마트폰 사용을 조절하기 시작한 A양〉

A양은 최근 스마트폰 중독과 관련한 영상물을 시청한 뒤, 자

신의 스마트폰 사용 행태도 위험한 수준임을 깨닫게 되었다. 이후 A양은 중요한 연락이나 불가피한 과제, 온라인 강의 외에는 스마트폰을 쓰지 않기로 결심하고 스마트폰 사용을 관리해 주는 애플리케이션을 설치하였다. 애플리케이션을 통해 A양은 스마트폰을 많이 사용한 시간대, 많이 사용한 애플리케이션 등에 대한 정보를 얻었으며, 그래프를 통해 전반적인 사용 패턴을 점검할 수 있었다.

스마트폰 이용자 스스로 자신의 스마트폰 사용 정도를 알 수 있는 스마트폰 애플리케이션과 같은 자가 진단도구가 개발되어 사용되고 있다(박순주 외, 2014). 부모는 자녀와 의논하여 스마트폰에 모바일 펜스 애플리케이션을 설치하여 자녀의 사용 시간 등을 알아보고 제한할 수 있다. 스마트폰을 일정 시간 사용하면 더 이상 사용할 수 없도록 하는 애플리케이션도 도움이 된다. 스마트폰 사용 시간이 감소되면 보상이 주어지는 등의 다양한 보조 애플리케이션도 활용하면 좋다.

부모는 자녀의 스마트폰 중독을 예방하기 위해서 다양한 애플리케이션들을 적절히 활용할 수 있을 것이다. 이외에 스마트폰 SNS에서 알림을 사용하지 않는 것, 중독의 경각심을 주는 사진 등을 스마트폰 배경화면으로 지정하는 것, 스마트폰 화면 전체를 흑백으로 설정하는 것 등도 자기조절에 도움을 준다.

이때 조심해야 할 것은 부모가 강압적인 태도로 강요해서는 안 된다는 것이다. 이 경우 자녀가 반발심을 가져 중독행동에 더 몰두하게 될 가능성이 있다. 자녀와의 꾸준한 대화를 통하여 자녀 스스로 이러한 보조수단의 필요성을 인식하고 활용할 수 있도록 격려해야 한다.

일기 쓰기, 감사일기 쓰기

일기 쓰기

사람은 일기를 쓰는 과정에서 자기의 행동과 말, 감정을 객관화할 수 있고 정리할 수 있다. 매일 일기를 쓰는 것은 자기를 반성하고 정리하는 데 도움이 된다. 일기를 쓰다 보면 복잡하게 표류하고 있던 생각들을 정리하고 자신을 좀 더 이해하게 된다. 또 일기를 씀으로써 카타르시스를 느낄 수 있으며, 자신의 삶을 되돌아볼 수 있다. 하루의 행동을 되돌아봄으로써 더 많이 배울 수 있으며, 자신의 장점도 알게 되고 키워 나갈 수 있다. 이처럼 생각을 정리하고 자기성찰을 하는 과정에서 건강한 자존감이 길러지며, 스마트폰 사용에 대한 조절능력도 증진된다.

부모는 자녀에게 오늘 하루 느낀 대로 솔직히 표현한다는 마음으로 쓰도록 조언해 주는 것이 좋다. 가능한 한 정해진 장소에서 다른 사람의 간섭을 받지 않고 편안하고 솔직한 심정으로 써야 한다.

스마트폰 사용 문제가 있는 청소년은 가급적이면 스마트폰 사용에 대해 짧게라도 기록하는 습관을 들이면 좋을 것이다. 오늘 하루 스마트폰 사용을 훌륭히 절제하였다면 이를 기록하여 자신의 조절능력 향상에 대한 증거로 삼을 수 있고, 만약 오늘 스마트폰을 많이 사용하였다면 그것 또한 솔직하게 기록하여 좋은 경험으로 삼을 수 있다. 특히 시각, 청각, 후각, 미각, 촉각 등 오감을 활용한 일기를 쓰는 것은 다양한 중독의 예방과 행복감 증진에 도움이 된다.

감사일기 쓰기

감사일기는 일기의 독특한 형태로서, 오늘 하루 있었던 여러 가지 사건들 중에서 감사할 일이 무엇인지 생각해 보고 적는 것이다. 감사일기를 쓰면 마음이 편안하고 따스해지며 희망을 가지게 된다. 자녀가 우울하고 불안한 기분 상태에 놓여 있다면, 부모는 자녀로 하여금 그런 마음을 있는 그대로 주시하는 가운데 오늘 하루 감사할 일을 찾아보고 적도록 말해 줄 수 있다.

어떤 날에는 "오늘 감사할 일들이 없다."고 느낄 수 있다. 그러나 사소한 것이라도 찾아보면 누구나 감사할 일이 있다는 것을 알게 된다. 감사일기를 쓰기 시작하면 시간이 지날수록 감사할 내용들이 더 많음을 알 수 있어 평소 자신이 감사할 일들을 놓치고 살았음을 아는 계기가 된다. 내가 지금 건강하게 일기를 쓸 수 있다는 사실만으로도 감사할 일이다. 만약 내가 심한 질병으로 병원에 입원한 상태라면 지금과 같이 일기 쓰기가 어려울 것이다.

감사일기 쓰기가 습관화되면 일상에서 행복감이 증진되고 희망을 가지게 되어, 눈앞의 중독 대상에 대한 갈망이 점차 줄어들게 된다.

만약 오늘 하루 스마트폰 사용 시간이 어제에 비해 줄었다면 감사 일기에 감사함을 기술하는 것이 좋다. 감사 일기에 적음으로써 행복감과 변화에 대한 동기가 일어난다.

09
전문가에게 도움받기

유관 분야 전문가 만나보기

〈스마트쉼센터를 방문한 C군〉

C군은 과도한 스마트폰 사용으로 인해 학교에서 적응문제를 겪고 있으며, 불면증과 같은 신체적 어려움도 호소하고 있다. C군은 스마트폰 사용과 관련하여 심리검사, 심리상담, 병원 연계 등을 할 수 있는 스마트쉼센터(https://www.iapc.or.kr)를 소개받았고 어머니와 함께 센터를 방문하였다. 지금은 전문가와의 지속적인 상담을 통해 스마트폰 사용을 줄여 나가고 있는 상태이다.

자녀의 중독 문제가 심각할 경우 부모는 하루빨리 전문가에게 상담을 의뢰해야 한다. 부모는 상담을 원하더라도 자녀가 자신의 중독 문제에 대한 인식이 없어 거부하는 경우가 흔하다. 자녀가 거부할 경우는 화를 내거나 나무라기보다는 자신의 중독 문제에 대한 인식이 없다는 것이 중독자의 특성임을 알고 이해할 수 있어야 한다. 의견 차이에 대해서 "전문가를 만나 검사를 한 번 받아보자."고 권유하는 것도 좋다. 검사 결과로 중독이 의심되면 상담을 받으면 어떤 이익이 있는지를 부모가 설명해 주면 된다. 부모의 노력에도 불구하고 자녀가 상담에 비협조적일 때는 부모가 먼저 상담을 받을 수 있다.

적절한 도움을 제공할 수 있는 전문가로는 관련 분야 경험이 있는 정신과 의사나 상담심리전문가, 임상심리전문가, 중독심리전문가 등이 있다. 전문가에 의한 상담은 스마트폰 중독 문제뿐만 아니라 스마트폰을 사용하게 된 심리적 원인이나 환경을 잘 살펴보게 함으로써 실제 회복에 기여한다.

부모상담, 가족상담

부모상담과 가족상담은 자녀의 회복에 도움이 된다. 특히 영유아나 초등학생 등의 어린아이를 둔 부모의 경우 부모상담이 필수적이다. 필요한 경우 부모부터 먼저 전문가를 만나서 상담을 받아야 한다. 이를 통해 부모 자신의 문제, 부모와 자녀와의 관계 등을 다시 정리하고 문제 해결에 대한 통찰을 얻을 수 있다. 부모가 먼저 자신의 문제를 잘 보고 해결해 나가야 자녀의 스마트폰 중독 문제가 완화되도록 자녀를 잘 도와줄 수 있다.

자녀의 스마트폰 중독에 관여하기에 앞서, 부모는 자녀의 입장을 좀 더 명확히 이해할 수 있어야 한다.

평소 부모는 자녀가 자기 말을 잘 듣고 자기주장을 하지 않는다고 좋은 아이로만 보아서는 안 된다. 독립된 인격체로서 자녀는 자기가 원하는 것이나 말하고 싶은 것이 있는데, 이를 표현하지 못하고 억압하면 나중에 더 큰 문제를 초래할 위험성이 있다. 이런 자녀는 커서 독립심이 부족하고 우울한 경향을 보이기 쉽다. 스마트폰 중독도 이러한 부적응적인 억압의 결과물로 볼 수 있다. 부모는 상담을 통해 자신이 그간 자녀에게 보여 온 태도를 점검하고, 자녀가 자기의 감정과 의견을 잘 표현할 수 있도록 분위기를 편안하게 만들어 주어야 한다.

부모상담이나 가족상담은 부모가 가진 집착과 욕심을 알게 하는 데 도움을 준다. 자녀가 모든 것을 부모의 뜻대로 잘 따르지 않는다 하더라도 자신의 감정에 충실하고 좋은 친구들과 잘 어울리고 밝게 살아가고 있다면 감사할 수 있어야 한다. 자녀의 삶을 부모 뜻대로 통제하기보다는 떨어져서 지켜보고 응원해 주는 조력자의 역할을 해 주는 것이 자녀의 자존감을 높여 준다. 만약 자녀가 불안이 심하거나 우울하거나 대인관계에 어려움을 겪거나 스마트폰에 지나치게 집착하는 등의 문제가 있다면 가능한 한 빠른 시간 안에 전문가를 만나 도움을 받도록 해야 한다. 문제를 빨리 발견하고 치료받으면 그만큼 효과가 있다.

Ⅱ. 자녀와의 관계 기술

10 자기주시하면서 대화하기

<성취감을 통해 스마트폰 중독에서 벗어난 A군>

A군은 스마트폰에 몰두하여 오랜 시간 동안 학업이나 일상생활 적응에 어려움을 겪어 왔다. 그러던 중 스마트폰 중독과 관련된 교내 캠페인을 통해 자신의 스마트폰 사용 양상이 위험한 수준임을 인식하였고, 개인 상담을 받으면서 스마트폰으로부터 벗어나고자 노력하게 되었다. 그 결과, A군은 최근의 시험에서 이전보다 높은 성적을 받을 수 있었다. 자신의 노력이 긍정적인 결과로 이어짐을 확인한 A군은 큰 성취감을 경험하였고, 이전보다 더 철저하게 자기관리를 실천하여 스마트폰 중독으로부터 완전히 벗어나게 되었다.

자기주시가 자녀와의 대화에 미치는 효과

자기 주시는 마음을 편안하게 하면서 총체적으로 자신과 상황을 살필 수 있게 한다. 자기주시를 하면서 대화하면 공감이 잘 되어 관계가 좋아진다.

세상의 어떤 부모도 자녀가 불행하게 살기를 바라지 않는다. 그럼에도 부모 자신이 어린 시절에 형성된 해결되지 않은 감정으로 본의 아니게 자녀에게 상처를 주는 말이나 행동을 하게 된다.

자신의 부모로부터 충분한 관심이나 사랑을 받지 못한 부모는 자녀를 사랑하는 방법 자체를 제대로 모를 수 있어 자기 부모가 자신에게 대했던 그대로의 방식으로 자녀를 대함으로써 스스로도 원치 않는 부정적인 영향을 미칠 수 있다. 그러므로 부모는 자주 '나는 누구인가?'를 생각하면서 지금까지 살아온 자신의 삶을 성찰해 볼 필요가 있다.

부모는 자녀를 위하여 자기로서는 최선을 다하지만 자녀는 '부모가 자신을 사랑하지 않는다.'고 생각할 수 있다. 중요한 것은 자녀가 '나는 사랑받고 있구나!' 하고 느낄 수 있어야 한다. 이를 위해 부모는 마음속에서 일어나는 감정의 변화에 늘 깨어 있어야 한다. 지금 일어나는 자기감정을 알아차리면 그 감정 아래에 있는 또 다른 감정이나 생각도 볼 수 있다. 만약 자신이 불필요하게 다른 사람의 일에 대해 간섭하는 것을 주시하였다면 '내가 인정받고 싶어 그랬구나!'를 알게 되며, 나중에는 '어릴 때 부모로부터 인정받고 싶어 했는데, 좌절되었다.' 하는 것도 성찰하면서 자기를 토닥거릴 수 있다. 자기주시가 습관화된 부모는 자녀에게 불필요한 상처는 덜 주면서 보다 효과적인 방식으로 사랑을 전달한다.

자녀의 마음을 잘 헤아리면서 따뜻한 눈빛으로 자녀를 대하는 것, 적절한 스킨십을 하면서 자녀의 말을 경청하고 공감해 주는 것은 모두 자연스러운 사랑의 전달 방식이다. 이렇게 부모로부터 애정과 지지를 적절하게 경험한 자녀는 자기 스스로를 존중할 수 있으며, 이는 자연스럽게 조절력 향상으로 이어져 중독에 빠져들 위험을 낮춰 준다.

부모가 자녀와 대화하면서 자기주시를 하는 것은 자녀의 잠재력을 발견하는 데도 도움이 된다. 모든 청소년은 성장하고 발전할 수 있는 무한한 가능성을 품고 있지만, 자기를 바로 보지 못하고 자기가 옳다는 생각에만 빠져 있는 부모는 자녀의 내면에 있는 보물을 발견하지 못하고 자신이 옳다고 생각하는 방향으로만 자녀를 떠밀게 된다. 자기주시를 통해 심리상태가 안정되고 객관적인 시야를 갖춘 부모는 자녀를 하나의 독립적 인격체로서 보다 잘 이해하게 되고, 그만큼 더 쉽게 자녀의 잠재력을 찾아 줄 수 있다. 이렇게 발견되고 지지받은 잠재력은, 자녀의 일생 전반에서 중독에 대한 소중한 보호요인으로 기능한다. 앞의 A군의 사례와 같이 자녀가 어떤 일에서 성취감을 얻는 것은 자존감을 가지게 하여 중독으로부터 회복을 가능하게 한다.

자기주시를 바탕으로 한 올바른 대화법

자녀는 부모와의 올바른 대화를 통해 사랑을 느낄 수 있고 변화에 대한 동기를 갖게 된다. 나는 상담과정 중에 중독자의 말을 잘 경청하고 공감하는 것만으로도 중독자 스스로 변화에 대한 동기를 가지고 변화해 가는 모습을 자주 보게 된다.

부모는 자녀와 올바른 대화를 위해서는 다음의 세 가지를 지켜야 한다.

- 부모 자신이 자기의 감정을 떨어져서 관찰할 수 있어야 한다. 지금 자기의 마음이 어떤지를 명확히 보고 그런 자기를 인정해야 한다.
- 자녀와 상황에 맞는 대화가 되어야 한다. 지금 자녀의 심정이 어떤지, 자녀가 대화할 준비가 되어 있는지 자녀의 입장에서 살펴보아야 한다.
- 대화할 때 자녀를 바라보는 눈빛이나 얼굴 표정, 자세, 목소리 등의 비언어적 내용으로 사랑을 표현할 수 있어야 한다.

자녀가 스마트폰 사용에 빠져 학업을 소홀히 하였다면 부모는 화가 나고 자녀의 행동을 꾸짖고 싶은 마음이 일어날 것이다. 이때, 부모는 '화가 나는구나!' 하면서 자신의 마음을 잘 주시해야 한다. 부모가 자신의 감정을 알아차리고 수용해야 마음이 편해지고 상대인 자녀의 입장이나 상황을 잘 볼 수 있는 여유가 생긴다.

대화의 주제를 부모의 관점에서 중요하다고 생각하는 것으로 정하기보다는 우선 자녀가 관심과 흥미를 가진 것을 찾아서 시작하는 것이 좋다. 그런 다음에 자녀가 힘들어하는 것이 무엇인지, 자녀가 자신의 꿈을 이루고자 하는데, 무엇이 장애가 되는지를 물어보아야 한다.

대화에 앞서, 지금 대화하기에 적절한 상황인지 자녀가 대화할 마음의 준비가 되어 있는지를 확인해 보아야 한다. 부모의 마음이 급한 나머지 상황이나 자녀의 입장을 고려하지 않고 이야기를 시작하면 자녀에게 상처를 줄 수 있고 대화가 잘 진행되지 않는다.

중독문제가 있는 자녀와 대화할 때는 길게 말하기 보다는 짧게 말하기, 부정적인 말보다는 긍정적으로 말하기("네가 게임을 하지 않고 책을 보고 있을 때 너무 멋있더라!"), 구체적인 행동에 대해서 말하기("네가 책상을 정리해놓고 공부하면 정말 고맙겠다.")가 효과가 있다(Smith & Meyers, 2009).

또한 웃는 얼굴과 사랑스러운 눈빛, 부드러운 목소리와 같은 비언어적인 대화에 신경써야 한다. 부모의 태도나 얼굴 표정이 편안해 보이지 않으면 자녀 또한 마음이 불편하여 이 자리를 빨리 피하고 싶고, 스마트폰 사용에 대한 갈망이 일어날 수 있다. 그러므로 부모는 지금 자기의 표정이나 태도가 어떤지를 떨어져서 주시할 수 있어야 한다.

마음이 불안할 때는, 대화하기 전에 3번 이상 심호흡하기, 거울에 비친 자기의 얼굴 표정을 바라보고 '나는 잘할 수 있다.' '완벽하지 않아도 괜찮다.' 등의 자기암시하기로 마음을 안정시킨 다음에 대화하면 좀 더 자연스럽게 대화가 진행된다.

자녀와 소통하고 경청하고 공감하는 것은 부모의 사랑을 전달하는 수단이다.

의사소통

자녀가 부모와 의사소통이 잘 되면 편안해져서 중독 대상을 갈구하지 않는다. 자녀가 대화를 통하여 부모로부터 사랑받고 있다고 느끼면 자녀는 자존감이 올라가고 자기를 잘 조절할 수 있다(김경하, 노소영, 2016; 김병년, 최홍일, 2013). 자녀가 부모와의 관계가 좋으면 자신감이 생기고 학교생활에도 만족할 가능성이 높고 주변 사람들과도 잘 어울릴 수 있으며 중독에 빠질 가능성이 적어진다. 중요한 것은 의사소통 자체가 미치는 영향보다는 부모에 대한 애착 수준이다. 자녀가 부모와의 애착 수준이 높을수록 가족과의 의사소통이 원활하며, 그 결과 중독의 예방에 기여한다(오현희, 김현진, 2014).

의사소통은 말을 하고자 하는 사람이 자기의 마음속에 품고 있던 의도를 말이나 행동으로 표현하면 상대가 그 말과 행동을 통해 그 의도를 알아차리는 과정이다. 의사소통을 잘하기 위해서는 말하기 전에 자기주시를 하여 마음을 편안하게 해야 한다. 말한 다음에는, 지금 나의 마음이 자녀에게 올바로 전달되었는지 확인해 볼 필요가 있다(유동수, 2008).

경청

대화는 우선 상대에 집중하고 상대의 말을 잘 들어주는 것으로 시작한다. 부모가 자기의 말에 관심을 갖고 경청하고 있다고 느끼면 자녀는 마음이 편안해져서 학교나 밖에서 힘들었던 일들을 잘 이야기할 수 있다.

부모는 자기주시를 하면서 자녀의 말에 주의와 관심을 표현해야 한다. 자녀 쪽으로 몸을 기울이고 사랑의 눈빛으로 자녀를 바라보면서 자녀의 말을 잘 들어주는 것이 좋은 태도이다.

상대가 말할 때 '상대가 말한 다음에는 내가 이런 말을 해야지.' 하는 생각을 가지는 것은 올바른 경청의 태도가 아니다. 경청은 그저 온 마음을 다해 상대의 말과 행동에 집중하는 것이다. 자녀의 말에 온 마음으로 집중해야 하며, 자녀의 말을 비판하거나 대화 중에 자녀의 말을 가로막거나 해서는 원만한 대화가 진행되기 어렵다.

부모가 자녀의 말을 경청한 다음에는 자녀의 말에 대해 자신이 느낀 감정이나 생각을 반영해 주어야 한다. "네가 열심히 공부했는데, 성적이 기대한 대로 나오지 않아 실망했구나!"와 같이 말하는 것이다. 반영은 자녀의 말을 잘 듣고 있다는 것을 전달해 주는 기술이다. 부모가 자녀의 감정을 거울과 같이 잘 비추어 반영함으로써 자녀는 자기가 하고 싶은 말을 하게 된다.

자녀가 말한 것을 부모가 잘 이해하지 못했다면 "네가 말하는 것은 이런 뜻이니?" 혹은 "네가 말한 것을 내가 요약하면 이런 것인데……." 하면서 확인해 볼 필요가 있다.

부모가 진심으로 관심을 가지고 자기의 말을 잘 경청하고 있음을 아는 것만으로도 자녀는 부모를 신뢰하고 존중하게 되며 부모의 말을 들으려 한다.

공감

상대가 말할 때 잘 경청해야 공감이 가능하다. 공감은 상대의 감정을 자신의 입장이 아닌 상대의 입장에서 이해하고 느낀 감정을 상대에 맞게 적절하게 표현하는 것이다. 자신의 입장에서는 이해하기 어렵더라도 상대의 입장에서는 '그럴 수도 있겠구나.' 하고 생각하고 상대의 감정을 자신이 느낀 그대로 잘 표현하는 것이다. 공감은 자녀의 감정에 대해서 "기분이 좋겠다." "불안했구나." 등으로 표현하는 것이다.

자녀는 자기의 감정을 언어로 잘 표현하지 못할 수 있다. 그럴 때 부모는 자녀가 말로 표현하지 않더라도 자녀의 얼굴 표정, 태도, 눈빛, 목소리 그리고 자녀가 처한 상황 등을 살펴보고 지금 자녀의 감정이 어떤지, 지금 자녀가 무엇을 원하는지를 이해한 다음에 공감해야 한다.

부모가 자녀의 감정을 잘 이해하지 못하고 공감이 안 될 경우에는 질문하거나 자녀가 한 말을 반영해 주는 것이 좋다. "네가 지금 친구와 잘 사귀지 못해서 힘들겠구나!" 등으로 표현하는 것이다.

부모는 자녀가 지금 어떤 고민이 있다고 생각되면, "고민이 있구나!" 하고 공감을 해 준 다음에 구체적으로 문제가 무엇인지 물어

보아야 한다. 공감이란 잠시 자녀의 입장이 되어 자녀의 마음을 이해하여 느끼고, 느낀 감정을 말과 행동으로 잘 표현하는 것이다.

나와 같이 귀중한 존재, 자녀

누구나 자기에게 있어서는 자기가 세상에서 가장 귀중한 존재이다. 사람이 자기를 있는 그대로 인정하고 존중할 수 있어야 다른 사람을 존중할 수 있다. 자존감이 높은 사람은 자신이나 가족을 다른 사람과 비교하지 않고 세상 사람이 하는 대로 따라 살지도 않는다.

자녀가 비록 스마트폰에 중독되었다 하더라도 자녀는 그 자체로 한없이 귀중한 존재이다. 부모가 말과 행동에서 자녀에 대한 존중감이 드러날 때 자녀가 그것을 배워 자기를 존중하게 된다.

부모는 자녀가 지금 스마트폰이나 혹은 다른 문제를 가지고 있더라도 이것을 계기로 삼아 더 성장할 수 있음을 믿어야 한다. 자녀가 부모의 진정한 사랑을 받아 자존감이 높아지고 조절력이 강해지면, 중독 문제가 치유될 뿐만 아니라 이런 경험을 계기로 한층 더 성장할 수 있다.

진정한 사랑은 자녀가 공부를 잘하거나 마음이 착하다고 해서 좋아하는 것이 아니라 자녀이기 때문에 조건 없이 존중하고 사랑하는 것이다. 부모는 자신이 정한 어떤 틀로써 자녀를 보기보다는 이 세상에 가장 귀중한 인연을 맺고 있는 사람으로서, 신성을 가진 귀중한 존재로서 자녀를 보고 존중해야 한다.

부모는 자녀의 노력이나 열심히 하는 행동에 대해서 자주 칭찬하고 격려해야 한다. "꾸준하게 노력하고 있구나." "포기하지 않고 열심히 하고 있구나." "남의 입장을 배려하여 행동하려고 하는구나." 등의 격려는 자녀의 자존감을 높게 하며 변화에 대한 동기를 갖게 한다.

부모는 자녀가 이 세상에 꼭 필요한 사람이라는 것을 알도록 해야 하며 자녀가 최근에 이루어 낸 사소한 노력과 변화에도 칭찬과 격려를 다해야 한다. 자녀가 인사성이 더 밝아졌다든가, 아침에 좀 더 일찍 일어나거나 스마트폰 사용 시간이 줄어든 것 등에 대해서 격려해야 한다.

부모는 자녀에게 느끼는 사랑스러움이나 고마움 등을 자주 표현하는 것이 좋다. "네가 내 딸인 것이 이 세상에 가장 큰 행복이야." "네 덕분에 살아야 할 의미를 가지게 되어 고마워." 등으로 부모 자신의 감정을 표현하는 것이 좋다.

자녀가 어떤 문제를 가질 경우에는 부모가 해결해 주려고 하기보다는 "지금 이 문제를 해결하기 위해서 어떻게 하면 좋겠니?" 하면서 자녀가 스스로 생각하고 말할 수 있도록 기다려 주어야 한다. 부모는 자녀의 행동에 관심을 갖고 지켜보다가 도와줄 필요가 있을 경우에는 적절한 정도의 도움을 주면 된다. 부모는 문제 해결에 도움이 되는 여러 정보를 제공하거나 도움을 줄 수 있는 사람을 소개

할 수 있다.

부모는 자녀의 잠재력이 잘 발휘될 수 있도록 해야 하며, 자녀가 실수할 때 "실수해도 괜찮다." "실수를 통해 많이 배우게 된다."고 격려해야 한다. 부모는 자녀가 힘들어할 때마다 자녀의 내면에는 '신성' '사랑하고 사랑받을 수 있는 능력'이 있음을 환기시키며 용기를 갖도록 격려해야 한다.

봄에 노란 감꽃을 보면서 "이 꽃이 가을이면 감이 될 것이다."라고 짐작하듯이 부모는 자녀가 "언젠가는 자기의 꿈을 이루고 행복하게 살 수 있을 것이다."라는 믿음을 가지고 자녀를 대해야 한다. 지금 자기의 눈에서는 잘 드러나지 않지만 언젠가는 자녀가 자신의 잠재력을 잘 꽃 피울 수 있음을 믿고 기다릴 수 있어야 한다.

부모는 자녀가 잘하는 것을 찾아서 발전시킬 수 있게 격려해야 한다. 누구나 자기가 잘하는 한 가지를 찾아서 평생 동안 노력하여 발전시켜 나간다면 언젠가는 그 분야에서 인정받을 수 있고 사회에 공헌할 수 있다. 이때 조심해야 할 것은 다른 사람과 비교하기보다는 어제의 나보다도 더 성장했다는 것에 만족해야 자존감과 행복감이 증진된다.

11
동기강화 대화법 사용하기

동기강화 대화법이란

동기강화 대화법은 전문가가 중독자의 회복을 위해 사용하는 동기강화상담의 방법을 자녀와의 대화에 응용한 것이다. 동기강화상담은 변화의 주체가 중독자 본인이고 변화의 힘이 중독자의 내면에 있다고 보면서, 중독자의 변화 동기를 강화하는 상담이다. 부모의 일방적인 지시는 자녀를 변화시키기보다는 오히려 저항을 불러일으킬 위험이 크다. 동기강화 대화법에 익숙해진 부모는 자녀의 말을 경청하고 공감하면서 스마트폰 사용에 대한 자녀의 양가감정을 명료히 하고, 자발적인 변화 의지가 일어나게끔 도울 수 있다.

동기강화 대화법의 원리

부모가 사용할 수 있는 동기강화 대화법의 유형에는 공감 표현하기, 불일치감 만들기, 논쟁 피하기, 자기효능감과 통제감 높이기 등이 있다.

공감 표현하기

자녀의 말을 진지하게 경청하고 꾸준히 주의를 기울이면서 충분한 공감을 표현하는 방법이다. "그랬구나. 정말 힘들었겠다." "스마트폰 사용을 조절하는 것이 힘들었구나!" 등으로 말하는 것이다. 자녀가 처한 상황이나 심리 상태에 꾸준히 공감을 표현하다 보면 부모-자녀 간의 신뢰감이 점차 형성되고, 자녀가 부모를 감시자나 처벌자가 아닌 협력자나 동반자로 느끼게 된다. 자녀는 부모가 자신을 신뢰해 주고 지지해 준다고 느끼면 보다 긍정적인 방향으로 행동을 행동하고자 노력하게 된다.

불일치감 만들기

누구나 자신이 바라는 나름대로의 미래 목표를 가지고 있다. 스마트폰에 중독된 채로 지내는 것은 이러한 목표를 이루기 위한 바람직한 방향과 불일치된다. 부모는 자녀가 마음속에 품고 있는 목표가 무엇인지 알아보고, 이러한 미래 목표가 지금 하고 있는 행동(과도한 스마트폰 사용)과 불일치함을 알아차리고 인정할 수 있도록 도와야 한다. 이처럼 목표와 현재 행동 사이의 불일치감을 자각하는 작업이 잘 이뤄지면, 자녀의 마음속에 변화하려는 동기가 일어날 수 있다.

논쟁 피하기

자녀의 스마트폰 사용에 문제가 있다고 느껴질 때, 많은 부모는 자녀에게 일방적인 방식으로 변화를 강요하는 경향이 있다. 그러나 이는 자녀에게 반발심을 불러일으켜서 오히려 자녀가 변화를 거부하고 저항하게끔 만들기 쉽다. 논쟁으로 인한 역효과를 피하기 위해, 우선은 자녀의 말에 동의해 주면서 어느 정도 기다려 줄 수 있어야 한다. 자녀가 고민하는 시간을 통해 자신의 문제를 직접 인정하고 변화하려는 결심을 해야 강한 동기가 형성된다.

자기효능감과 통제감 높이기

자기효능감과 통제감은 변화에 대한 동기를 발생시키고 유지하는 데 중요하다. 이 두 가지가 높은 사람은 자신감이 있고 미래에 대해서도 긍정적으로 평가하기 때문에 좋지 못한 행동을 수정하려는 동기가 보다 잘 형성된다. 부모는 자녀가 자신의 장점을 인식하고 장점에 집중하여 시간을 보낼 수 있도록 지지하고 격려하면서, 자녀가 자신의 장점을 잘 활용할 수 있도록 도와야 한다. 또 자녀가 조금이라도 노력하는 모습이 보이면 이를 칭찬하고 격려해야 한다. 자녀가 이전에 스마트폰 사용을 스스로 줄이고 어떤 일에서 성취를 얻었던 경험이 있을 경우, 여기에 초점을 맞추어 격려할 수 있다.

12
나 전달법과 질문 활용하기

나 전달법

'나 전달법(I – message)'은 대화 장면에서 듣는 사람의 기분을 상하게 하지 않으면서, 자신이 상대에게 느낀 감정을 그대로 표현하는 것이다. 반대로, '너'를 주어로 하는 대화 방식을 '너 전달법(You – message)'이라고 한다(조재윤, 2003). 자녀가 스마트폰을 과도하게 사용하는 것을 본 부모는 너 전달법을 사용하여 대화하기 쉽다. "너, 스마트폰 좀 그만 써라." "가서 공부해라."라는 식이다. 이는 자녀의 자존감을 저하시키고 부모에 대한 반감을 일으킬 수 있다. 결국 너 전달법을 사용하는 부모의 조언은 도움이 되지 못하는 경우가 많다. 반면 나 전달법을 사용하는 부모는 다음과 같은 방식으로 얘기할 것이다. "네가 스마트폰만 계속 사용하고 있으니까 엄마가 걱정도 되고 속상하다!" "오늘 해야 하는 공부부터 먼저 끝낸다면 엄마가 행복할 텐데." 이처럼 나 전달법은 부모가 자녀의 잘못에 대하여 나무라고 간섭하는 것보다는 자녀의 행동을 보고 느껴지는 자기의 솔직한 감정을 그대로 표현하는 것이다. 자기의 감정을 표현함으로써 본인의 마음이 안정될 뿐만 아니라, 자녀도 부정적인 감정 없이 부모의 마음을 이해할 수 있다는 장점이 있다. 때문에 자녀의 행동을 긍정적으로 교정하는 데 있어서도 장기적으로 효과가 더 크다.

자녀가 어머니와 약속시간을 정해 놓고 시간을 지키지 않을 경우 어머니는 다음과 같이 자신의 감정을 표현할 수 있다. "네가 약속시간을 지키지 않아서 내가 실망스럽고 화가 났다. 앞으로는 약속시간을 잘 지켜 주기 바란다."

나 전달법에는 다음의 네 가지 요소가 포함된다.

- 상대방이 한 행동에 대해 간략하고 객관적으로 기술할 것
- 그 행동이 나에게 미치는 구체적인 영향과 내가 느끼는 감정을 파악할 것
- 나의 감정을 솔직하게 표현할 것
- 내가 요구하고 싶은 것을 얼굴 표정이나 목소리 등을 상황에 맞추어 부드럽게 표현할 것

질문 활용하기

자녀와 대화할 때는 부모가 무엇을 지시하거나 문제를 해결해 주기보다는 자녀가 스스로 생각하고 대답하면서 자기의 문제를 명확히 알 수 있게 질문하는 게 좋다. 부모가 자녀의 성적이 떨어진 것을 알게 된 상황을 가정해 보자. 먼저 해야 할 일은 부모 자신의 마음에서 일어나는 감정을 순수하게 주시하고 수용하는 것이다. '내가 지금 실망했구나.' '힘이 빠지네.' 하고 알아차려야 하며, 이를 있는 그대로 받아들인다. 그 후 자녀에게 "네가 성적이 떨어졌다니 엄마가 걱정이 된다."고 자기의 감정을 나 전달법으로 표현하고서, 이렇게 질문해 볼 수 있다. "앞으로 어떻게 하면 성적이 올라갈 수 있을까?"

다시 말하지만, 부모가 일방적이며 독단적으로 자녀에게 지시하는 것은 자녀가 공격당하거나 무시당한다는 느낌을 갖게 하여 변화에 저항하게 만든다. 문제가 있는 상황에서, 부모는 앞의 예시와 같이 적절히 자기의 감정을 표현하고 필요한 질문을 던짐으로써 자녀 스스로 문제를 해결해 나갈 수 있도록 도와줄 수 있다.

자녀에게 던져 볼 수 있는 또 다른 질문 예시들은 다음과 같다.

"네가 행복하기 위해서는 어떻게 하면 되겠니?" "친구들과 잘 어울리기 위한 좋은 방법은 무엇일까?" 만약 자녀가 "성적을 올리기 위해 스마트폰 게임을 하지 않겠어요." 하고 말하면, 부모는 이를 격려하면서 "그러면 구체적으로 어떻게 하면 될까?" "더 나은 방법은 없을까?" 하고 추가적인 질문을 던져 볼 수 있다. 부모가 적절한 질문을 하면 대화가 잘 진행되면서 자녀의 마음이 정리되고 문제를 해결하는 데 도움이 된다.

모든 사람의 내면에는 자기의 문제를 해결할 수 있는 능력과 성장할 수 있는 잠재력이 있기 때문에 자녀에게 좋은 질문을 하는 것이 자녀가 스스로 문제를 해결하고 발전하는 데 도움이 된다. 인지행동상담에서는 상담자가 좋은 질문을 하는 과정을 통해 내담자가 올바른 답을 생각하도록 도와준다. 예를 들어, "네가 그렇게 생각할 만한 근거가 있는가?" "너의 그런 생각이 너와 가족이 잘 지내는 데 도움이 되는가?" "너의 친구가 너와 똑같은 상황에 처해 있다면 너는 친구에게 뭐라고 말해 줄 것인가? 네가 말한 그대로 네 스스로에게도 똑같이 해 보아라." "네가 스마트폰에 집착하면 나중에는 어떻게 될 것 같은가?" 등으로 물어볼 수 있다.

또 자녀에게 스마트폰을 자주 사용하면 이득이 되는 점은 무엇이고 손실이 되는 점은 무엇인가를 질문하여 손실과 이익을 스스로 비교하게 하는 것도 자기 문제를 올바르게 인식하는 데 도움을 준다.

질문에는 개방형 질문과 폐쇄형 질문이 있다. 개방형 질문은 "오늘 기분이 어때?" "오늘은 엄마와 어떤 이야기를 하고 싶어?" 등으로 질문하는 것이다. 폐쇄형 질문은 "오늘 기분이 좋지 않니?"라는 것으로 듣는 사람이 "그렇다." "아니다."로 답할 수 있는 것이다.

부모가 자녀와 대화를 할 때는 개방형 질문과 폐쇄형 질문을 모두 사용할 수 있지만, 가능하면 개방형 질문을 자주 사용하는 편이 좋다. 개방형 질문을 통해 자녀의 마음을 더 잘 이해할 수 있으며, 자녀가 스스로 생각하는 힘도 키울 수 있다. 심문조의 질문은 피해야 하며, "왜?" 등의 질문으로 자녀에게 압박감을 주지 않도록 유의해야 한다.

Ⅲ. 회복 유지하기

13
내 몸 건강 지키기

〈스마트폰 중독으로 신체건강이 나빠진 K양〉

구부정한 자세로 매일 장시간에 걸쳐 스마트폰을 사용해 온 K양은 이전에 비해 시력이 많이 떨어졌을 뿐만 아니라, 최근 병원 검사를 통해 디스크가 생겼다는 사실까지 통보받게 되었다. 현재 K양은 정기적으로 병원을 방문하면서 재활치료를 받고 있는 상태이다.

신체건강의 중요성

스마트폰을 과도하게 사용하면 신체건강이 나빠진다. K양의 사례와 같이 눈의 피로, 시력의 저하, 목과 어깨 결림, 등근육의 뭉침, 허리디스크, 손목과 손가락의 통증, 수면장애 등의 문제를 보이는 경우가 많다(단현주 외, 2015). 신체건강부터 잘 관리해야 회복이 쉽게 된다. 신체가 건강해야 회복에 더 집중할 수 있고, 마음이 편안해질 수 있다. 질병이 있다면 빨리 치료해야 하며, 적절한 운동을 하고 수면을 잘 취할 수 있도록 하면서 스트레스를 잘 관리해야 한다.

자녀의 건강 수준 높여주기

운동

규칙적인 산책이나 운동은 스트레스를 해소시키고 자신감을 높여 주며, 인지기능을 향상시킨다. 운동은 일정한 시간을 정해 놓고 땀이 날 정도로 하는 것이 좋다. 가족이나 친구와 함께 운동하면 더욱 효과가 있다. 특히 또래와 함께하는 운동은 신체건강뿐만 아니라 사회성의 발달에도 도움을 준다. 운동을 통해 건강한 방식으로 자기의 에너지를 발산하면서 스마트폰 사용으로 얻을 수 있는 것보다 더 큰 행복감과 성취감을 체험할 수 있다. 신체활동을 통하여 행복감을 느끼는 방법을 배우면 중독 대상에 대한 갈망이 점차 줄어든다.

수면

규칙적인 수면습관을 가지는 것 또한 중독으로부터 회복과 유지에 중요하다. 잠을 잘 자지 못하면 인지기능이 저하되고, 스트레스를 쉽게 받으며, 자기조절력이 약해진다. 부모는 자녀가 정해진 시간에 자고 일어나는 습관을 가지도록 안내하고 도와주어야 한다.

구체적인 방법으로, 낮에 적당한 운동을 하여 에너지를 발산시키도록 하는 것, 잠자기 2시간 전부터는 스마트폰이나 PC, TV 등 뇌를 활성화하여 숙면을 방해하는 물건을 멀리하도록 하는 것, 명상이나 기도, 독서 등을 통하여 마음을 평안하게 한 다음 잠자리에 들도록 하는 것 등이 있다. 자녀가 잠에 빠져드는 데 어려움을 겪는다면, 잠자리에 누운 채로 머리끝에서 발끝까지 몸의 느낌을 알아차리는 몸 마음챙김을 해 보도록 조언할 수 있다.

영양 섭취

적절한 영양 섭취는 신체건강 유지에 필수적이다. 부모는 식단을 맛있는 음식들로만 채우기보다는 필요한 영양분이 골고루 섭취될 수 있도록 구성하는 것이 좋다. 특히 자녀가 채소나 과일, 다양한 신선한 제철 음식을 적당히 섭취할 수 있도록 하면서 일정한 기간에 식사하는 습관을 가지게 해야 한다. 아침 식사는 거르지 않도록 해야 신체 활동이나 공부에 요구되는 에너지를 잘 공급할 수 있다. 영양 부족이나 배고픔 등은 중독 대상에 대한 갈망이 일어나게 하는 요인이 된다.

깨끗한 공기와 물 마시기

깨끗한 공기와 물은 신체건강에 직접적으로 영향을 미치고 있다. 너무나 일상적인 것이라 흔히 간과하기 쉽지만, 공기와 물의 질이 우리 신체에 미치는 영향은 결코 적지 않다. 공기가 좋은 날에는 실외 산책이나 운동을 즐기는 편이 좋지만, 공기가 나쁜 날에는 마스크를 착용하며 운동은 가급적 실내에서 하는 것이 좋다. 집 안 공기가 청정하게 유지될 수 있도록 관리해야 한다. 대기질이 좋은 날을 골라 숲이나 수목원을 산책하는 것은 신체건강뿐 아니라 기분을 좋게 한다. 숲의 공기에는 신체건강에 좋은 성분이 많이 포함되어 있어, 면역력 강화와 신체건강 증진에 기여하고 스마트폰 중독의 예방과 치료에 많은 도움을 준다(김선아, 정다워, 김건우, 박범진, 2015).

부모는 또한 자녀가 물을 자주 마시도록 해야 한다. 당분이 많이 들어 있는 탄산음료나 주스류보다는 생수를 많이 마시는 편이 좋다. 하루 동안 마셔야 할 물의 양을 일정량 정해 두고 관리하는 것이 효과가 있다.

스트레스 관리

마음이 편안하면 건강이 좋아진다. 스트레스를 받으면 건강에 좋지 않은 아드레날린이나 코르티솔 등의 물질이 분비되어 면역력을 저하시키고, 감기부터 암에 이르기까지 여러 가지 신체 질병을

일으킨다. 스트레스를 잘 관리하기 위해서는 평소에 자신에게 효과가 있었던 관리 방법을 사용하여 가능한 한 빨리 해결해야 한다.

스트레스를 받을 때는 다음의 방법을 사용할 수 있다(박상규, 2014).

스트레스 알아차리고 받아들이기

스트레스를 받을 때는 "스트레스를 받는구나!"를 알아차리고 받아들여야 한다. 알아차리는 것 자체가 마음을 안정되게 한다.

문제 해결하기

문제는 자신이 원하는 것과 현재 상황과의 차이이다. 문제가 있을 때는 문제가 무엇인지를 분명하게 파악하고 문제를 올바르게 이해한 다음에 적절한 대안들을 찾아보고 효과를 검증해 보아야 한다. 그래도 문제가 해결되지 않았다면 문제를 잘 파악하지 못하였거나 효과적인 방법을 찾지 못한 것이므로 문제를 잘 정의하고 좀 더 효과적인 대안을 찾아보아야 한다.

생각을 긍정적으로 바꾸기

스트레스는 부정적인 생각과 관련하여 불안을 느끼는 것이다. 지금 자기에게 일어나는 부정적인 생각을 알아차려서 그것을 긍정적인 생각으로 바꿀 수 있으면 스트레스가 줄어들고 마음이 평온해질 수 있다.

행동 바꾸기

우리의 생각과 감정, 행동은 서로가 영향을 미친다. 몸의 움직임이나 행동을 바꿈으로써 기분이나 생각이 달라질 수 있다. 스트레스를 받으면 일부러 웃거나 걸을 때에도 신나게 걸으면 기분이 나아진다. 마치 바라는 것들이 잘 이루어진 사람처럼, 행복한 사람처럼, 웃고 말하고 행동하면 기분이 달라진다.

믿을 수 있는 사람과 감정 나누기

주변에 가족이나 친구 등 믿을 수 있는 사람을 만나 자기의 감정을 나누면 스트레스가 해소된다. 자기의 감정을 솔직하게 표현할 수 있으면 마음이 편안해지고 보다 현실에 잘 적응할 수 있다.

취미생활이나 즐거운 활동하기

운동이나 예술 활동 등 몰입할 수 있는 어떤 일을 하면 스트레스를 예방하고 잘 다스릴 수 있다. 취미생활은 규칙적인 시간과 장소에서 하는 것이 습관을 형성하는 데 도움이 된다.

전체 에너지의 70% 정도만 사용하기

석명 한주훈 선생은 각자가 자기 에너지의 70% 정도만 사용하는 것이 행복에 도움이 된다고 하였다. 부모는 자녀가 에너지 관리를 잘 하지 못하여 하루가 끝나기도 전에 탈력 상태에 빠져들지 않도록 돌보아야 한다. 에너지의 고갈은 인지기능의 일시적인 저하로 이어질 수 있으며, 합리적인 사고를 마비시키고 과도한 스마트폰 사용과 같은 충동적인 행동 문제가 재발하는 데 기여할 수 있다. 또 지속적이고 심한 피로는 질병의 원인이 된다.

하루의 일과를 큰 틀에서 바라보고 에너지를 효과적으로 관리하는 것, 당장의 일이 급하더라도 틈틈이 휴식을 취하는 것, 점심시간에 15분 정도라도 짧게 낮잠을 자는 것이 유용할 수 있다.

에너지 관리의 필요성은 부모 자신에게도 적용된다. 부모가 직장에서 피곤한 채로 집에 들어오면, 그만큼 자녀를 배려하면서 편안하게 대화하기가 쉽지 않다. 직장 업무나 사회생활에 대해 충분히 알지 못하는 자녀는 부모의 입장을 잘 이해하지 못하고 실망하거나 오해할 수 있다. 부모는 어느 정도 에너지를 남겨 와서 자녀와 대화하거나 함께 활동하는 시간을 가져야 한다. 자녀가 스마트폰 중독의 위험을 품고 있는 상태라면 더욱 그렇다. 근무 중 피로가 축적되는 것이 느껴질 때, 가능한 범위 내에서 틈틈이 휴식을 취하면서 에너지 수준을 잘 관리해야 한다.

또 한 가지, 우리가 어떤 일을 하면서 피로감이나 탈진을 느끼는 것은 일 자체에 투자한 시간뿐만 아니라 그 일을 즐거워하는지, 그 일에 어떤 의미를 두는지에 의해서도 영향을 받는다. 즐거워하면서 하는 일은 피로감이 적다. 일을 하면서 그 의미와 목적을 생각하는 것은 에너지를 효과적으로 관리하는 방법이다.

신체건강을 위해 지금 당장 적용해 볼 수 있는 것은 무엇인지 구체적으로 적어 보십시오.

14
갈망에 대처하기

어떨 때 주로 갈망이 일어나는지, 갈망이 일어나는 상황을 구체적으로 적어 보십시오.

스마트폰에 대한 갈망이 일어날 때는 자기주시, 주의분산, 심상화, 자기암시하기, 지지자에게 도움 청하기 등으로 갈망을 다스릴 수 있다(박상규, 2016a).

자기주시(마음챙김)

누구나 중독 대상에 대한 갈망이 일어나는 순간에는 그 갈망이 지속될 것처럼 느끼고 힘들어한다. 그러나 갈망은 대부분 5분 내지 10분 정도 지속되며 길어도 20분을 넘어가는 경우는 드물다. 갈망이 일어날 때 중요한 것은 내가 지금 갈망 상태에 있음을 알아차리는 것이다. 갈망이 일어나고 있음을 아는 것만으로도 갈망의 힘이 약해지고 조절될 수 있다. 자기 마음 안에서 갈망이 일어나고 사라지는 현상을 떨어져서 관찰해 보면 마음이 편안해지고 조절이 가능함을 체험할 수 있다. 필요한 경우 주치의를 통해 갈망을 완화시켜 줄 약물을 처방받을 수 있다.

갈망이 느껴지는 순간에, '아, 갈망이 일어나는구나!' 하면서 이를 알아차리고 수용하는 것이다. 단순해 보이지만 지속적으로 자기주시를 해야 가능한 작업이다. 스마트폰을 켜고 싶은 충동이 강하게 일어나는 순간에 허리를 똑바로 세우면서 몸에 힘을 빼고 앉는 것, 숨이 들어가고 나오는 과정에 집중하는 것 등이 도움이 된다. 갈망이 반복하여 나타나더라도, '갈망이 일어난다'고 알아차리거나 '갈망' 등으로 이름을 붙이고 받아들이면 오래 지나지 않아 갈망이 약해지면서 사라질 것이다. 갈망이 또 일어나더라도 '갈망이 왔구나!' 알아차리고 지금 자기가 하는 일에 집중하면 된다. 알아차리면서 갈망이라는 파도에 휩싸이지 않게 되어 마음이 안정되어짐을 경험하게 되고 자기를 보호할 수 있다. 자기주시를 잘하기 위해서는 마음이 어느 정도 안정이 되어야 한다.

주의분산

갈망이 일어날 때 중독 대상이 아닌 다른 것들로 주의를 분산하는 방법이다. 스마트폰 게임을 하고 싶을 때는 어머니에게 전화 거는 것, 찬물에 세수하면서 얼굴의 감각을 느껴 보는 것, 약간 뜨거운 차를 천천히 마시는 것, 샤워하는 것, 음악을 듣는 것, 스마트폰을 두고 산책하는 것, 운동하는 것 등으로 주의를 전환할 수 있다.

갈망이 일어날 때는 과거 자신에게 효과가 있었던 주의 분산 방법을 빨리 실행하는 것이 좋다.

심상화

스마트폰으로 향하던 행동을 잠시라도 멈춘 다음, '게임을 계속한다면 앞으로 나의 삶은 어떻게 될 것인지'를 상상해 보는 것이다. 예를 들어, 다음과 같이 상상해 볼 수 있다.

'스마트폰 게임을 다시 시작하면 몇 시간이나 계속하게 될 것이고, 점차 빠져들어, 학교 수업에 적응이 안 될 거야. 그러면 학교 성적이 떨어질 것이고, 부모님과 갈등하게 될 것이고, 또 스트레스를 받아서 게임으로 해결하려고 할 거야. 이런 것들이 반복되면서 결국 내가 불행해질 것이며 부모님과 관계도 나빠질 거야.'

반대로, 이렇게 생각해 보는 것도 도움이 된다.

'지금 스마트폰을 하고 싶은 마음을 잘 이겨 내고 해야 할 공부를 하게 되면, 성적도 오르고 부모님과의 관계도 좋아지고 장기적으로 내가 행복할 거야.'

과거 고통받았던 경험을 떠올리면 갈망에 대처하기가 쉬워진다.

자기암시하기

스마트폰에 대한 갈망이 일어날 때마다 소리를 내거나 글로 적는 등으로 자기암시를 한다. "나는 스마트폰에 대한 갈망을 잘 조절하고 있어." "나는 성공의 과정 중에 있어." "나는 자신을 잘 통제하는 중이야." 이처럼 소리 내어 말하거나 글로 적는 것은 그 자체로 갈망을 조절하는 동기와 에너지를 만들어 준다. 특히 잠자기 전에 자기가 바라는 목표를 소리 내어 말하는 것은 잠재의식에 씨를 뿌리는 것으로 나중에 자기가 바라는 바를 꽃피울 수 있게 한다.

지지자에게 도움 청하기

갈망을 다스리고 회복을 유지하는 데 도움을 줄 수 있는 부모님, 선생님, 또래 친구 등의 지지자를 정해 두고, 갈망이 일어날 때 자기의 갈망이나 감정을 표현하고 도움을 청할 수 있다. 전화로 지금 갈망이 일어나고 있음을 이야기할 수도 있고, 직접 만나서 자기의 감정을 표현하고 지지받을 수도 있다. 자기의 마음 상태를 이해해 주고 진심으로 응원해 주는 사람이 옆에 있다는 것만으로도 갈망을 조절하는 데 힘이 된다.

**스마트폰에 대한 갈망을 경험하는 자녀에게
어떤 대처방법을 가르쳐 줄 수 있을지 적어 보십시오.**

15
재발에 대처하기

재발은 회복의 과정

삶이 그러하듯이 중독으로부터의 회복이나 영적 성장도 좋아졌다 나빠졌다 하면서 앞으로 나아간다. 회복자는 넘어졌다 일어섰다 하면서도 한 걸음, 한 걸음 더 앞으로 나아가면서 영적으로 성장하고 있다. 잊지 말아야 할 것은 넘어질 때마다 용기를 가지고 다시 일어서는 것이다.

회복과정에서 재발이 일어나는 것은 자연스러운 현상이다. 단 한 번의 재발도 없이 회복하기는 어렵다. 특히 회복의 초기에는 아기가 처음 걸음마를 배우듯이 자주 넘어지면서 재발과 회복을 반복하게 된다. 그러나 꾸준히 노력하면 점차 재발 간격이 길어지고 회복이 잘 유지된다.

부모가 해 줄 수 있는 일은 두 가지이다. 첫 번째는 재발의 위험성을 미리 알아차리고 대비하는 것이다. 얼마간 자기통제를 잘하던 자녀가 평소보다 스마트폰을 자주 사용하거나, 가족에게 짜증을 많이 내거나, 게임을 하는 친구들과 어울리는 시간이 늘거나, 감정의 변화가 심해지는 것 등은 모두 재발의 위험을 알리는 신호이다. 두 번째는 재발을 했을 때 나무라거나 비난하지 말고 옆에서 지지해 주고 공감해 주고 기다려 주는 것이다.

부모의 역할

자녀에게서 재발의 가능성이 엿보이면, 부모는 평소보다 더 관심을 가지고 지켜보면서 자주 대화를 나누어 자녀가 자기의 감정을 표현할 수 있는 기회를 주어야 한다. 자녀가 심한 스트레스를 받고 있거나 부정적인 정서를 경험하고 있다면, 이러한 스트레스나 부정적인 정서를 완화할 방법을 함께 찾아보고 재발의 위험을 차단해야 한다.

이러한 노력에도 불구하고 자녀의 중독이 재발했을 경우, 부모는 우선 자신의 마음에서 일어나는 실망, 분노, 불안, 무력감 등을 알아차리고 수용해야 한다. 자기주시로 마음이 안정된 다음에는 지금 자녀가 어떤 입장인지, 어떤 감정을 느끼는지 공감하면서 지지해 주어야 한다. 조심해야 할 점은 재발하였다고 자녀를 나무라거나 비난해서는 안 된다는 것이다. 자녀는 재발의 당사자이기 때문에, 실망감과 무력감이 심하고 회복에 대한 자신감이 떨어지면서 부모에 대해 미안해할 수 있다. 이러한 상태에서 자녀에게 무작정 부정적인 피드백을 주는 것은 오히려 역효과를 낼 수 있으므로 우선은 옆에 있어 주면서 지지해 주는 편이 좋다.

중학생 K군은 한동안 조절하였던 스마트폰 게임에 다시 빠지게 되었다. K군의 어머니는 실망하였고 힘이 빠졌다. K군의 어머니는 실망스러워하는 자신의 마음을 주시한 다음에 조심스럽게 K군의 방문을 두드렸다. 어머니를 바라보는 K군의 표정과 태도에서 불안과 무력감, 미안함을 느낄 수 있었다. 어머니는 K군에게 "네가 많이 힘들었구나! 엄마가 미안하다. 사랑한다. 아들아!" 하면서 K군을 깊게 포옹하였다. K군의 눈에서는 어머니에게 사랑받고 있다는 기쁨의 눈물이 흐르고 있었다.

재발은 본인과 가족 모두에게 힘든 일이지만, 여기에 잘 대처하면 자녀가 자신을 더 많이 성찰하고 성장하는 기회가 된다. 부모는 자녀와 꾸준히 대화하면서 지금까지 회복을 유지하기 위해 사용해 왔던 방법의 효용성을 검토하고, 가능한 더 나은 방법이 있을지 탐색해 볼 수 있다. 지혜로운 부모는 자녀가 현재의 실패에 좌절하지 않고 이를 경험 삼아 앞으로 더 힘차게 걸어갈 수 있도록 지지하고 격려하여 자녀를 더 성장하게 한다.

재발을 예방하기 위해 제안해 볼 수 있는 방법들로는 스마트폰을 아예 가지고 다니지 않는 것(구형 휴대전화로 대체하는 것), 스마트폰 생각이 날 때 곧바로 운동하는 것, 가족이나 마음이 맞는 친구와 대화하는 시간을 정기적으로 갖는 것 등이 있다. 자신이 주로 어떤 상황에서 스마트폰을 많이 사용하였는지를 알아보고, 그런 상황을 미리 피하는 것도 유용한 방법이다. 재발은 주로 갈망과 관련되기 때문에 앞서 설명한 것과 마찬가지로 갈망을 잘 다스릴 수 있는 자기만의 효과적인 대처법을 알아보고 사용해야 한다.

16
마음챙김으로 자기조절하기

〈자기 자신을 주시하여 중독에서 벗어난 K군〉

K군은 심한 외로움과 함께 이로 인한 스마트폰 중독 문제를 오랫동안 겪어 왔다. 그러나 마음챙김에 대해 배우고 난 후로 외로움이 밀려올 때마다 '외롭구나!' 하며 자신의 마음을 알아차리고 받아들이게 되었으며, 그 결과 마음이 편안해지고 큰 어려움 없이 외로움을 견뎌 낼 수 있게 되었다. 스마트폰을 사용하려는 갈망이 일어날 때에도 '스마트폰을 사용하고 싶은 갈망이 일어나는구나!' 하면서 갈망을 주시하고 그대로 흘러가게 둘 수 있었다. 이를 반복하다 보니 어느 순간 마음이 평온해지며 갈망이 더 이상 일어나지 않게 되었고, 자신이 해야 할 보다 발전적인 일에 집중하게 되었다.

마음챙김의 효과

마음챙김(자기주시)은 자기를 떨어져서 보는 것, 자기를 객관화하여 관찰하는 것이다. 지금 자기의 몸에서 일어나는 반응이나 감정을 분리 주시하는 것으로, 일어나는 것에 대해서 판단하지 않고 그냥 바라보는 것, 주의를 주는 것이다. '내가 지금 불안하구나!' '내가 지금 화를 내고 있구나!' 하고 알아차리는 것이다. 지금 자기에게 일어나는 마음을 관찰할 수 있을 때 이를 조절하는 것이 가능해진다(김정호, 2014). 마음챙김을 통해 마음을 안정시키고 갈망이나 충동, 불안, 분노 등을 조절할 수 있게 되며, 지금-여기에서 보다 잘 적응할 수 있다.

마음챙김 훈련은 불안이나 우울과 같은 부정적인 심리상태를 완화하고(박상규, 2017b; 박인선, 박지연, 2014; 이혜진, 박형인, 2015; 조희연, 유성훈, 2017), 중독의 예방과 회복에 중요한 영향을 미치는 것으로 확인되었다(박상규, 2016b; 박상규, 2018a; 장경화, 2017; Dakwar, Mariani, & Levin, 2011; Garland et al., 2012). 내가 병원이나 치료공동체 등에서 알코올 중독자를 대상으로 마음챙김을 가르쳐 보면, 처음에는 어색해했으나 마음챙김이 익숙해질수록 중독자가 자기의 갈망을 잘 보고 조절할 수 있게 되었으며, 일상에서의 적응력도 뚜렷하게 향상되는 등 마음챙김의 효과가 큰 것을 체험할 수 있었다.

마음챙김의 구체적 방법

처음 마음챙김을 배울 때는 눈에 보이는 쉬운 대상에서 시작하는 것이 좋다. 호흡 마음챙김, 몸 마음챙김 등은 쉽게 배울 수 있다.

석명 한주훈 선생은 마음챙김을 다음과 같이 4단계로 구분하였다. 초보자의 경우는 1단계와 2단계에 초점을 두고 지속적으로 수행해야 한다.

- 1단계: 바라 · 보려는 노력하기
- 2단계: 구체적으로 떼어놓고 바라보기
- 3단계: 바라보는 자만 있고 대상에 걸리지 않기
- 4단계: 내가 없고 바라보는 자도 없는 신과의 합일을 이루기

명상은 방해받지 않는 조용한 곳에서 정해진 시간에 하는 편이 좋다. 이를테면 아침 6시부터 20분간, 저녁 8시부터 20분간 자기 방에서 하는 것 등이다. 처음에는 좋은 명상가를 만나서 지도받는 것이 좋다.

호흡 마음챙김

호흡 마음챙김은 자신의 호흡 감각에 주의를 집중하는 것이다. 그냥 순수한 마음으로 들숨과 날숨을 관찰하는 것이다. 호흡하는 순간에 마음이 다른 곳으로 가면 알아차리고, 다시 호흡에 집중한

다. 불안하고 짜증이 나고 힘들 때에 호흡 마음챙김을 하면 마음이 안정되고 감정을 잘 조절할 수 있다. 또 호흡명상은 주의집중력을 높인다.

흥분하거나 힘들 때, 호흡 명상이 도움이 된다. 호흡을 붙들고 있는 것이 깨어 있는 것이다. 호흡은 우리의 의식을 붙들 수 있는 훌륭한 도구이다. 스마트폰을 사용하고자 하는 갈망이 일어날 때도 호흡에 집중하면 그것이 자연스럽게 사라진다. 갈망이 또 일어나더라도 의도적으로 물리치려고 해서는 안 된다. 단지 그런 갈망을 그저 지켜보면 된다(김용수 2018). 자기에게 일어나는 갈망이나 충동을 있는 그대로 보면서 심호흡을 한 다음 지금 자기가 해야 할 일을 하는 것이다.

수식관 명상

수식관 명상은 숫자를 세면서 호흡을 하는 것으로, 단순하지만 마음 안정이나 주의집중력 향상에 효과가 있다. 숨을 들이마시면서 들어오는 호흡을 잘 알아채고 주시한 다음, 내쉬는 동안 하나부터 열까지 숫자를 센다.

몸 마음챙김

몸 마음챙김은 자기 몸에 대해 순수한 주의를 보내는 것이다. 몸의 각 부위의 감각을 알아차리고 몸이 무엇을 말하는지를 듣는 것이다. 의자에 앉아 있다면 엉덩이의 느낌이 따스한지, 차가운지,

부드러운지, 딱딱한지 등의 감각을 순수하게 알아차리는 것이다.

몸 마음챙김은 머리끝에서부터 발끝까지 순서대로 몸의 각 부위의 감각을 알아차리면서 할 수 있다. 누워서 할 수도 있고 앉아서 할 수도 있다. 다음의 사진에서 보듯이 요가의 사바사나 자세(송장 자세)와 같이 누워서 하면 몸이 좀 더 이완되고 편안해진다. 눕더라도 배개는 사용하지 않으며, 바닥에는 요가 매트를 깔아 두는 편이 좋다. 누워서 할 경우, 잠 잘 때와 마찬가지로 배를 하늘 쪽으로 하고 두 손은 손바닥이 위로 보이게 하여 몸 옆에 조금 띄어 자연스럽게 놓는다. 잠이 들지 않도록 깨어 있는 정신을 유지해야 한다. 의자에 앉은 채로 한다면, 등받이에 기대지 말고 척추를 바로 세운다. 목이나 어깨에 힘을 빼고 자연스럽게 앉아야 한다.

그런 다음, 몸의 각 부위를 느끼면서 몸이 하는 말을 들어보아야 한다. 만약 눈에 주의를 준다면 지금 눈이 자신에게 뭐라고 말하는지를 들어본다. 이 과정에서 다른 생각이 떠오른다면 그것 또한 알아차린 후에 다시 몸의 각 부위에 집중하면 된다. 몸에서 느껴지는 통증이나 가려움, 따스함, 아무 느낌도 없음 등을 알아차린다. 어떤 감각이든 자연스럽게 그대로 보고 받아들인다.

일상에서도 몸에 대한 마음챙김을 할 수 있다. 잠시 쉴 때 눈을 감은 다음, 자기의 얼굴이나 손, 어깨, 허리, 발바닥 등에서 일어나는 감각을 알아차리는 것이다. 머리부터 발끝까지 몸 전체의 느낌을 잘 알아차리면 ,긴장이 가라앉고 편안해지며 충동이나 갈망을 알아차리고 조절할 수 있다. 이와 함께 일에 대한 집중력도 향상되며, 보다 편안하게 사람을 만날 수 있게 되어 여러모로 중독으로부터 멀어질 수 있게 된다.

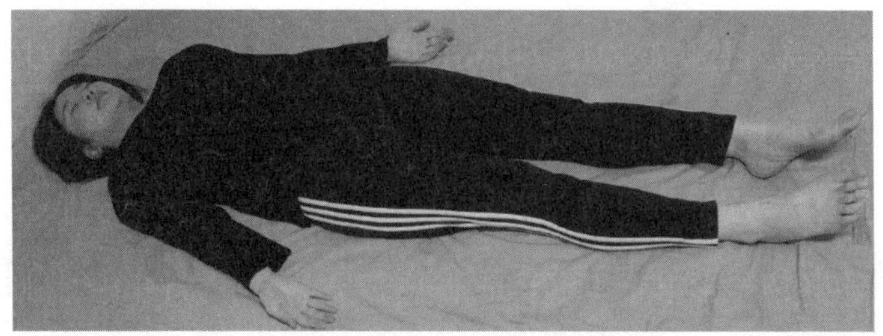

요가의 사바사나 자세

자연과 함께하는 명상

자연 속에서 하는 명상은 실내에서 하는 것보다 다양한 에너지를 얻기 쉽다는 장점이 있다. 명상의 방법은 무엇이든 괜찮다. 숲속에 앉아서 명상할 수도 있으며, 천천히 걸으면서 명상할 수도 있다. 나무나 돌 등 특정한 자연물을 대상으로 하여 그것에 집중하면서 명상하는 것도 괜찮다. 숲의 공기를 마시고 꽃과 풀의 향기를 맡으면서 숲길을 걷고 흙이나 나무, 돌의 촉감을 느끼는 동안, 우리는 자연과 꾸준히 대화하면서 마음의 안정을 찾고 생명력을 강화시킬 수 있다.

일상에서의 마음챙김

마음챙김이 숙련되면, 특정한 동작을 취하지 않고도 일상에서 꾸준히 깨어 있을 수 있다. 식사시간에는 먼저 몸의 움직임을 알아차리고, 음식의 색깔, 음식을 씹는 소리, 냄새, 맛 등을 알아차린다. 음식을 집어올리고 씹을 때는 그 촉감이 어떤지, 어떤 맛이 나는지 알아차리고, 물을 마실 때는 물의 온도나 목에서 느껴지는 감각을 알아차린다. 이처럼 마음챙김의 자세를 유지하면서 오감을 느끼는 식사를 하면 자연스럽게 음식 하나하나를 천천히 음미하고 먹게 되며, 이 과정에서 자기 스스로를 안정시키고 자신과 음식의 새로운 모습을 만나게 된다.

이동할 때도 마찬가지이다. 일어서면 일어선다는 것을 알아차리고, 앉으면 앉는다는 것을 알아차리며, 걸으면 걷는다는 것을 알아차리는 것이다. 이렇게 함으로써 지금까지 자동적으로 행하던 행위들을 주시하면 마음이 안정되어 해야 할 일에 집중하고 불필요한 행동을 하지 않게 된다.

가족들과 대화를 하면서도 지금 자신의 몸에서 일어나는 감각이나 호흡, 마음을 잘 주시하는 연습을 해 보는 것도 좋다. 부모는 흔히 자신의 입장에서 자녀의 감정을 추측하려는 실수를 범한다. 하지만 일상에서 자기의 마음을 주시하면 자녀의 입장을 보다 잘 이해하면서 공감할 수 있다.

일어났다가 사라지는 마음을 자기의 본마음으로 착각하지 말고 일어났다가 사라지는 마음을 주시하는 그 마음이 본마음임을 알아야 한다. 중독자뿐만 아니라 많은 사람이 일어났다 사라지는 마음을 자기 마음으로 믿고 행동하다가 불행에 빠지고 있다. 일어났다 사라지는 마음을 주시하는 자기가 본마음임을 알고 일상에서 마음챙김을 잘해야 자신과 가족이 행복할 수 있다.

● 마음챙김으로 자기조절하기

* 마음챙김
  - 마음을 안정시키고 중독 대상에 대한 갈망, 집착의 에너지를 차단시켜 행동 조절력을 향상시키는 것
  - 자기를 객관화하여 보는 것
  - 갈망이나 충동, 분노 등을 조절하여 현재에 잘 적응하도록 하는 것

* 마음챙김 방법
  - 호흡 마음챙김
  - 몸 마음챙김
  - 일상에서의 마음챙김

실천해보기

1. 일어섰다 앉았다 할 때 알아차리면서 행동하기
2. 스마트폰 사용에 대한 갈망이 나타날 때마다 마음챙김을 해보기

17
자비 수행하기

자비수행의 효과

남의 고통을 덜어 주고 행복하게 하는 사람은 자기가 더 행복해진다.

자비수행은 자기를 포함해서 모든 존재가 고통에서 벗어나 행복해지기를 바라면서 하는 명상이다. 모든 존재들이 행복하고 평안하기를 바라는 사랑의 마음에 바탕을 두고 있으며, 그 이름인 '자비'는 이익과 행복을 주려는 마음상태인 '자(慈)'와 다른 사람의 고통에 대해서 공감하고 그 사람의 해로움과 괴로움을 없애려는 마음 상태인 '비(悲)'가 합쳐진 것이다(조옥경, 윤희조, 2016). 자비수행을 할 때에는 주로 다른 사람이나 생명체의 심상을 의도적으로 떠올리고, 그 대상에 대해 사랑과 친절함의 태도로 안녕과 행복을 기원한다(김완석, 신강현, 김경일, 2014). 이렇게 자기나 다른 존재의 행복을 위해 명상하거나 기도하는 과정에서 깊은 행복감을 느낄 수 있다.

자비수행은 스트레스 호르몬인 코르티솔을 효과적으로 감소시키고 우울, 불안, 수치심, 열등감 등 부정적 정서를 줄이면서 안녕감, 자존감 등의 긍정적 정서와 심리적 자원을 증가시킨다는 것이 연구를 통해 확인된 바 있다(장지현, 김완석, 2014). 또한 자비수행은 정서반응을 높이고 정서를 보다 효율성 있게 조절하게 한다(조옥경, 윤희조, 2016).

자비수행은 마음챙김명상과 상호보완적으로 행복을 증진한다. 자비수행을 통해 마음챙김을 할 때 자비의 마음이 올라오기가 더 쉬워진다. 인간의 행복과 불행은 대부분 인간관계에서 오는데, 자비수행은 인간관계 개선을 통해 행복을 증진하는 효과가 있다(김정호, 2014). 마음챙김과 자비수행을 결합한 마음챙김-자비수행을 단 회기 실시하는 것만으로도 자각이 증가하고 친지와 일반인에 대한 자비가 증가되었으며 분노가 감소하였다(이현숙, 황성훈, 2018).

스마트폰 중독에 빠진 청소년은 불안이나 우울, 적개심 등을 경험하는 경우가 많고 자기조절력의 문제도 흔히 관찰된다. 그런 만큼 이러한 부정적인 심리상태를 완화하고 자기조절력을 향상시킬 수 있는 자비수행을 실천하여 효과를 얻기를 추천한다.

자비수행의 구체적 방법

자비수행은 자기자비와 타인자비로 구분할 수 있다. 자비수행은 제일 먼저 자기를 사랑의 에너지로 가득 채우고 다음으로 좋아하고 존중하는 가족이나 스승에게, 다음으로는 자신과 무관한 사람, 그다음으로 원한 맺힌 사람에까지 자비의 에너지를 보내는 것이다. 모든 인간, 모든 중생과 모든 생명에게 제한 없이 자비의 마음을 가득 보내는 것이다(조옥경, 윤희조, 2016).

자기자비는 자기를 떨어져서 객관적인 입장에서 바라보는 것, 보는 나(참나)가 있는 그대로의 나를 자비심으로 바라보는 것이다. 자기자비수행은 자기 자신에 대한 자비의 마음을 기르는 훈련이다. 자신이 현재 경험하는 고통을 부정하거나 회피하지 않고 있는 그대로 직시하고 공감하고 인정하며 그것으로부터 벗어나기를 기원한다. 자기자비수행을 할 때 자기 자신을 제3자의 입장에서 보듯이 하는 것이 좋다(김정호, 2014).

자기자비수행은 혼자서 눈을 감고 마음속으로 할 수 있고 집단 속에서 소리 내어 할 수도 있다. 집단원들이 돌아가면서 한 사람씩 5번이나 10번 정도 반복하여 말할 수 있다. 자비수행을 하는 동안 눈은 감고 손은 가슴에 대거나 무릎 위에 올려놓는다. 그리고 기원하는 것이 이루어지기를 간절히 바라는 마음으로 해야 한다.

타인자비의 대상은 가족이나 스승과 같이 가까운 사람에서부터 중립적인 사람, 자기에게 상처를 준 사람까지 모든 존재에게 자비의 마음을 보내는 것이다. 타인자비수행은 자기자비수행과 같이 편안한 자세로 가급적 눈을 감고 그 사람에게 자비심이 강하게 느껴질 때까지 반복한다(김정호, 2014). 어떤 사람을 대상으로 삼든, 그 사람이 행복하고 고통이 없기를 간절히 바라는 마음으로 하는 것이다.

자비수행 시의 문구는 자기와 집단, 상황에 따라 적절하게 변화될 수 있다. 함께 명상하는 사람들이 다 같이 소리 내어 반복하는 것도 의의가 있다.

자기에 대한 자비수행의 문구 예시는 다음과 같다.

"내가 고통에서 벗어나기를"
"내가 건강하기를"
"내가 행복하기를"

아버지(어머니)에 대한 자비수행의 문구 예시는 다음과 같다.

"아버지(어머니)가 고통에서 벗어나기를"
"아버지(어머니)가 건강하기를"
"아버지(어머니)가 행복하기를"

아들(딸)에 대한 자비수행의 문구 예시는 다음과 같다.

"아들(딸)이 고통에서 벗어나기를"

"아들(딸)이 건강하기를"

"아들(딸)이 행복하기를"

실제 자비수행을 위한 집단프로그램에서 진행자는 다음과 같이 지시하기도 한다(이현숙, 황성훈, 2018).

"나로부터 시작하여 내가 좋아하는 사람, 모르는 사람, 미워하는 모든 사람에게까지 자비의 에너지가 펴져 나가고 모두 자비를 느끼고 변화하는 상상을 해 보십시오. 모든 사람이 고통이 없고 행복하기를 진심으로 바라는 마음으로 자비수행을 계속하십시오. 그리고 지금 자기의 몸과 마음이 어떤지 알아차립시오. 이제 편안히 그 상태를 유지하시기 바랍니다."

18
중독행동의 대안 마련하기

〈스마트폰을 내려두고 새로운 즐거움을 찾은 D씨네 가족〉

D씨네 가족은 스마트폰이 보급된 초창기부터 메신저에 가족 대화방을 만들어 활용하는 등 적극적으로 스마트폰을 사용해 왔다. 그러나 최근 가족회의를 통해 꼭 필요한 일이 아니면 스마트폰을 사용하지 않는다는 규칙을 설정하였다. 가족이 모두 너무 많은 시간을 스마트폰에 쏟고 있기도 했고, 스마트폰 메신저를 통하지 않는 일상적인 가족 대화도 너무 적어졌기 때문이다. 새로운 규칙을 설정한 후로 D씨네 가족은 스마트폰이 주던 즐거움을 대체하기 위하여 자주 캠핑을 다니고 있다. 처음에는 자연 속에서의 캠핑이 익숙하지 않아서 불편해하고 답답해하던 자녀들도 직접 요리하고 숲을 탐사하는 등의 활동을 점점 즐기게 되었으며, 스마트폰 사용량도 꾸준히 줄게 되었다.

유익하고 새로운 즐거움 찾기

회복과정이 즐겁고 재미가 있어야 회복을 유지하기가 쉽다(박상규, 2018a). 자녀가 스마트폰을 멀리하며 회복상태를 잘 유지하도록 돕기 위해서는 단순히 스마트폰 사용 시간 줄이기에만 집중해선 안 된다. 스마트폰이 주는 자극을 대체할 수 있는 유익하고 새로운 즐거움이 있어야 회복과정이 고통스럽지 않고 회복을 잘 유지할 수 있다. 스마트폰 없이 즐길 수 있는 즐겁고 재미있는 일들을 찾아서 자주 체험할 수 있으면, 행복감이 늘어나 스마트폰에 대한 집착과 갈망은 자연스레 사라진다. 스마트폰 사용으로 도파민이 분비되어 느끼는 쾌감이 다른 건전한 활동으로 도파민이나 엔도르핀 등이 분비되어 즐거움을 느끼기 때문이다.

실제로 중학생을 대상으로 한 연구에서 학생이 여가활동에 대해서 만족할수록 스마트폰 중독 성향이 낮았으며, 불만족할수록 중독 성향이 높은 것으로 나타났다(정인경, 김정현, 2015). Boden 등(2016)은 약물 중독자에 대한 다양한 연구를 검토하고 통합한 결과를 바탕으로, 중독의 예방 및 치료효과를 높이기 위해서는 즐거움을 증가시키는 것에 초점을 둔 새로운 치료법이 적용되어야 함을 제안하기도 하였다.

우선은 자녀가 평소 스마트폰 이외에 좋아하고 흥미를 느꼈던 놀이나 활동이 있는지 알아보아야 한다. 자녀와의 대화를 통해 자녀가 최근 관심을 두는 활동이 무엇인지를 알아볼 수 있다. 그런 다음 이들 가운데 자녀가 좋아하고 즐거워하는 건강한 것을 골라 자녀에게 추천해 줄 수 있다. 가족이나 또래와 함께하는 활동이 특히 유용하다. 이러한 활동을 통해 자녀는 즐거움을 느끼는 동시에 관계 욕구도 충족되어 자존감이 높아진다.

부모는 자녀에게 자신의 생각만 강요하지 말고, 같은 행동이나 일에도 어떤 사람은 즐거움을 느끼지만 어떤 사람은 흥미가 없을 수 있음을 알아야 한다. 독서하는 것이 어떤 청소년에게는 큰 즐거움이 될 수 있지만 어떤 청소년은 따분할 수 있다. 특정한 활동이나 대상이 주는 즐거움은 이후에 그것에 어떤 의미를 주고 어떻게 해석하느냐에 따라서 달라지기도 하며, 시간에 따라 즐거움을 제공하는 활동들의 상대적인 순위가 변화하기도 한다. 내가 지도하는 학생이 "이전에는 스마트폰 게임을 하면서 쾌감과 즐거움, 일종의 성취감 등을 느꼈는데, 지금은 친구와 즐겁게 대화하는 것, 독서하는 것, 운동하는 것 등에서 즐거움을 많이 느끼고 있다."고 말하면서 자기의 변화된 모습을 보여 주었다.

중독 문제가 심각한 수준이라면 처음에는 이러한 작업이 쉽지 않을 수 있다. 알코올 중독에 빠진 사람은 오직 술만이 세상에서 가장 즐거운 것인 줄 알고 술에 의존하여 산다. 스마트폰에 중독된 청소년도 스마트폰을 사용하는 것만이 가장 즐거운 일이라 믿고 다른 즐거운 활동을 찾아보지 않는다. 스마트폰을 통해서만 흥미롭고 자극적인 것들을 즐기고자 하며, 다른 건강한 대안들을 고려하지 못하는 것이다.

이럴 때는 과거에 즐거웠던 일들을 회상하고 구체적인 경험을 함께 나눠보는 시간을 가지길 추천한다. 가족과 함께 여행을 떠났던 일이나 여름 방학 때 계곡에서 가족이 즐겁게 놀았던 추억을 떠올려 보면 마음이 따뜻해지며, 이러한 경험을 통해 스마트폰이 주는 것과는 다른, 더 깊고 풍성한 행복감을 얻을 수 있음을 체험할 수 있다. 그 후 자녀를 잘 설득하여 과거 재미있었던 활동들을 다시 한 번 해 보도록 이끄는 것이다. 행복했던 일을 재경험하는 것은 긍정적인 변화 동기를 심어 준다.

즐거운 활동의 예시

여행하기

'인생은 나그네 길'이라는 말이 있듯이 여행을 통해 우리는 자신과 세상을 새롭게 보고 배우는 기회를 얻는다. 여행지에서 아름다운 경관을 보는 것, 새로운 곳을 걸어가는 즐거움, 그 지방 특유의 맛있는 음식을 먹는 것, 새로운 문화를 체험하는 것 등 오감을 통하여 즐거움을 느끼고 살아 있음에 감사를 느낀다. 여행은 또한 가라앉았던 마음에 활력을 준다. 환경을 바꿈으로써 지금까지 자신의 마음에 묻어 있던 먼지를 털어 내고 새로운 에너지를 채우는 좋은 기회를 가질 수 있다.

혼자 가는 여행도 좋지만 가족이나 마음이 맞는 친구와 함께하는 여행은 더 즐겁다. 새롭고 흥미로운 곳들을 함께 여행하면서 서로에게 평생 잊지 못하는 귀중한 추억을 만들 수 있다. 스마트폰 중독 문제가 있는 자녀와 함께 여행하는 경우에는 자녀에게 여행안내자의 역할을 맡겨 보는 것도 좋다. 가족을 이끄는 안내자가 되어 여행할 곳, 식사할 곳, 추억을 남길 수 있는 활동 등을 미리 조사하고 준비하는 과정에서, 자녀는 여행에 보다 몰입하고 즐거움을 느낄 수 있다.

운동하기

운동을 하면 뇌에서 엔도르핀이 분비되어 즐거움과 기쁨을 느끼게 된다. 적절한 운동은 주의집중력, 기억력 등 인지기능의 향상에도 도움이 된다. 동물을 대상으로 한 연구에서, 운동은 신경세포 생성, 혈관신생 생성, 신경교세포 생성, 신경영양 및 성장인자의 증가와 같은 신경생물학적 변화를 포괄하는 뇌의 구조적 · 기능적 변화를 통해 인지기능 향상에 영향을 주는 것으로 확인되었다(우민정, 2010). 특히 신체적 · 정신적으로 성장이 활성화되는 청소년 시기에 각종 스포츠 활동에 참여하는 것은 심리적 변화에 긍정적인 영향을 주며, 스마트폰 중독 예방에 도움이 된다(선혁규, 백종수, 2015).

운동의 종류는 다양하다. 달리기와 같은 혼자 할 수 있는 운동도 있고, 탁구, 농구, 배구, 축구 등 또래들과 함께할 수 있는 운동도 있다. 이는 개인의 취향이나 상황에 맞추어 선택하면 된다. 부모는 자녀가 어떤 종류의 운동이든 일정한 시간에 꾸준히 지속할 수 있도록 지지하고 격려해 주어야 한다.

독서하기

책을 읽는 것은 저자와 대화하는 것이다. 책을 통해서 저자의 마음이나 가치관을 이해하며, 삶의 지혜를 배워서 일상의 어려움을 잘 이겨낼 수 있는 힘을 얻게 된다. 또 독서를 통해 새로운 것을 배우게 됨으로써 즐거움을 느끼게 된다.

스마트폰에 중독된 청소년은 대뇌의 전두엽 기능이 손상되어 있어 판단력이나 조절력이 부족하기 쉬운데, 독서를 함으로써 전두엽 기능이 활성화되어 고차적인 인지기능이 향상되고 감정이 풍부해질 수 있다(박민수, 2016).

요리하기

요리를 직접 해 보는 과정에서, 자녀는 즐거움과 몰입감을 경험해 볼 수 있으며, 이후 사람들과 함께 음식을 맛보면서 성취감과 즐거움도 얻을 수 있다. 뿐만 아니라 요리는 시각과 후각, 미각, 촉각, 청각 등 오감을 모두 사용하는 활동이어서 자녀가 마음챙김을 연습해 볼 수 있는 좋은 기회가 된다. 준비를 위해 장을 보거나 사람들에게 결과물을 대접하면서 자연스럽게 사람들과 친해질 수 있다는 것 또한 요리의 좋은 점이다.

산책하기

시간이 될 때마다 산책하는 습관을 가지면 스트레스가 해소되고 건강이 좋아진다. 더욱이 가족과 함께한다면 즐거움이 배가되고 가족 간의 애정도 깊어진다. 집과 가까운 곳 중에서 편안한 마음으로 즐길 수 있는 아름다운 산책로를 찾아 둔다면, 바쁜 일상 속에서도 가볍게 활용할 수 있는 유용한 대안을 자녀에게 제공할 수 있다.

봉사하기

봉사는 타인에게도 도움이 되지만 보다 크게는 자신을 위한 것이다. 봉사하는 즐거움과 기쁨으로 자신의 마음이 더 행복해질 수 있다.

봉사의 방법도 여러 가지이다. 단체 등에 신청하여 개인이 혼자 할 수 있고, 가족이 함께할 수도 있으며, 친구들과 함께할 수도 있다. 무엇을 선택하든 봉사할 때는 봉사하는 일에 집중해야 하며, 다른 사람을 도와주었다는 생각에 집착하지 않아야 봉사의 기쁨이 높아진다. 금강경에는 "남을 돕더라도 도왔다는 생각에 메이면 복이 줄어든다."고 하였다. 돕는 그 자체에서 기쁨과 보람을 느낄 수 있어야 한다.

가능하다면 부모는 어릴 때부터 함께 봉사를 다니는 것이 좋다. 부모가 다른 사람을 도와주는 것에 기쁨을 느끼는 것을 모델링하면 자녀도 다른 사람을 도와주려고 하며 사회에 대한 공동체 의식을 가지는 성숙한 인격을 갖추게 된다. 이는 결국 자녀를 건강하고 행복하게 만들며 중독으로부터 보호하는 길이기도 하다.

예술 활동하기

음악 감상하기, 노래 부르기, 악기 연주하기, 그림 그리기, 영화 보기, 시와 수필 쓰기, 춤추기 등의 예술 활동은 즐거움을 주고 삶의 의미를 가지게 한다. 음악을 감상하면서 마음을 안정시키고 우울한 기분을 줄이며 창의성을 증진시킬 수 있다. 또 글을 쓰거나 그림을 그리면서 즐거운 시간을 보낼 수도 있다. 댄스 스포츠와 같은 춤추는 활동은 상대방에 대한 이해와 배려를 필요로 하기에, 즐거움뿐만 아니라 사회기술을 향상시키기도 한다. 이처럼 다양한 예술 활동 중 자녀가 하고 싶어 하는 것, 잘하는 것을 선택하도록 하여 지속적으로 참여시키는 것이 좋다.

명상하기

명상은 자기의 마음을 비우는 것이며 '나'라는 에고(ego)를 쉬게 하는 것이다. 명상은 크게 집중명상과 사띠로 알려진 지혜명상으로 나눌 수 있다. 나는 알코올 중독자나 도박 중독자가 명상을 통해 자기를 보다 잘 이해하고 중독 대상에 대한 집착을 놓게 되는 과정을 많이 보아 왔다.

명상은 일정한 시간, 일정한 공간에서 하는 것이 좋다. 하루의 십분의 일 정도가 되는 2~3시간이 적당하다. 석명 한주훈 선생은 사람은 자기를 위해서 십일조를 사용할 필요가 있는데, 이것이 명상이라고 하였다. 이만큼 시간을 내기 어렵다면 하루에 20분 정도의 명상만 하더라도 마음이 안정되고 지혜롭게 되는 등 심리적으로 많은 이득을 볼 수 있다.

반려동물 키우기

개나 고양이 등 반려동물을 키우는 것도 자녀가 스마트폰에서 벗어나 건강한 즐거움을 느끼게 하는 데 도움이 된다. 동물을 키우면서 생명의 소중함과 생명에 대한 경외감을 느낄 수 있고, 공감과 사랑을 배울 수 있다.

자연 속에서 즐기기

인간의 삶과 죽음은 자연과 연결되어 있다. 모든 인간은 자연에서 나고 자연으로 되돌아간다. 숲과 산, 강 등의 자연은 우리의 건강을 회복하는 데 도움을 주면서 즐거움의 원천이 되고 삶의 지혜를 배우게 한다. 또한 숲에서는 마음을 안정시켜 주는 알파(α)파가 분비되어 마음을 편안하게 하며, 피톤치드 효과와 충분한 산소 공급으로 면역력을 강화하여 건강에 도움을 준다.

특히 숲속에서의 활동은 우울한 기분과 불안을 줄여 주며 알코올이나 스마트폰 등의 중독 증상을 완화시킨다(오창홍, 박상규, 박정환, 오인자, 2016). 또 숲에서의 활동은 인성, 지성, 영성을 발전시키며 자존감을 높이고 학업수행을 향상시키는 효과가 있다(신윤경, 백준혁, 채정호, 2010). 자녀는 숲에서의 관찰이나 활동을 통하여 자신 또한 자연 속의 하나의 생명체임을 깨닫게 되며, 보다 건강한 즐거움을 느끼면서 중독 대상으로부터 점차 멀어지게 된다.

종교 활동하기

나는 신앙의 힘을 바탕으로 알코올이나 도박중독으로부터 회복된 사례를 많이 보아왔다. 영성적인 부분을 제외하고도, 신앙생활은 다양한 치료효과가 있다. 성직자나 주변 신자들로부터의 관심과 지지는 중독자의 마음을 안정시키고 희망을 주며 자존감을 높인다. 또 다양한 활동에 참여하면서 소속감과 즐거움을 느끼며 삶의 의미를 가질 수 있다.

● 중독행동의 대안 마련하기

* 즐거운 활동 찾아보기
  - 여행하기
  - 운동하기
  - 독서하기
  - 요리하기
  - 산책하기
  - 봉사하기
  - 예술 활동하기
  - 명상하기
  - 반려동물 키우기
  - 자연 속에서 즐기기
  - 종교 활동하기

생각해보기

1. 현재 자녀에게 제안할 수 있는 즐거운 활동에는 무엇이 있는지 적어 보세요.

2. 자녀와 함께 즐길 수 있는 일을 언제 어떻게 할 것인지를 구체적으로 적어 보세요.

3. 혹시 자녀가 즐거운 활동을 하지 못하게 되면 그 이유는 무엇이고, 어떻게 해결하면 좋을지를 적어 보세요.

제 3 부

건강하고 행복한 가정

19
스마트폰 없이도 행복한 자녀

행복한 가정 만들기

숲이 쾌적하면 숲속의 모든 생명체가 조화롭게 잘 자라듯이 가정이 평안하면 모든 가족이 행복하면서 자기를 잘 성장시켜 나갈 수 있다. 마음이 편안하고 행복한 청소년은 자연스럽게 중독 대상을 덜 찾게 된다. 반대로 우울하고 불안한 청소년은 스마트폰이나 인터넷 중독에 더 쉽게 빠진다. 연구에서도 자신의 삶이 더 불행하다고 지각할수록 중독이 심각한 것으로 확인되었다(김경미, 염유식, 2014; 박상규, 조혜선, 2018; 장덕희, 김정은, 2018). 부모는 스마트폰 중독을 예방하기 위해서도 자녀가 편안함을 느낄 수 있는 가정 분위기를 만들어 가야 한다.

누구나 지금 자신의 마음이 안정되고 평온해야 가족이나 주변 사람의 마음을 잘 볼 수 있다. 마치 흙탕물이 가라앉아야 바닥이 잘 보이는 것과 같다. 먼저 부모가 자신의 감정을 잘 주시하면서 마음을 안정시켜야 자녀의 마음을 이해하고, 배려하며 자녀의 입장에서 대화할 수 있다. 부모가 자신의 일로 바쁘거나 해결되지 못한 정서적 문제가 있으면 자녀의 입장을 섬세하게 고려할 여유가 줄어든다. 이렇게 되면 자녀에게 질 좋은 양육을 제공하기 어려워질 뿐만 아니라, 자신의 부정적인 감정을 자녀에게까지 전염시킬 위험도 있다. 앞서 설명하였듯이 부모가 자기주시를 통해서 자신의 감정을 인정하고 받아들이면 스트레스를 받더라도 자신의 감정을 보다 잘 조절하게 되며, 마음이 안정되어 자녀에게도 더 좋은 부모 역할을 해 줄 수 있다. 부모가 자기를 있는 그대로 인정하고 수용하는 만큼 자녀를 있는 그대로 받아들이고 존중할 수 있다. 만약 부모의 문제가 심각하다면 하루빨리 전문가에게 상담을 받는 것이 좋다.

가족회의를 통해 가족 구성원 모두가 행복을 증진하기 위한 방법이나 규칙을 설정하는 것도 좋은 방법이다. 아무리 가까운 관계라도 무심코 하는 한마디의 말이 상대에게는 배려 없이 여겨지고 깊은 상처를 줄 수 있다. 호의를 바탕으로 한 일이 오히려 스트레스의 원인을 제공하는 경우도 빈번하다. 진지하고 솔직한 대화를 통해서 서로가 진정으로 행복할 수 있는 상호작용의 방식과 생활규칙을 마련해 두면, 이후 불필요한 오해나 갈등을 방지하고 화목한 가정 분위기를 형성하는 데 도움이 된다.

다음으로, 부모는 자녀가 가족 외의 주변 친구들이나 선생님,

이웃들과도 좋은 관계를 가질 수 있는 사회기술을 가르쳐 줄 수 있다. 주변 사람들과 긍정적인 상호작용을 하면서 인정과 존중을 받는 사람일수록 높은 수준의 자존감을 갖게 되고, 이는 삶 전반에서 중독에 대한 보호요인으로 작용한다. 가족들과 행복하게 보낸 추억인 보물을 기억 속에 많이 저장해야 한다. 자녀는 이러한 추억을 바탕으로 건강한 자존감을 형성할 수 있으며, 어려운 상황에 처했을 때 회피하지 않고 직면할 힘을 얻게 된다.

행복의 기술 가르치기

불행은 중독의 친구이다. 부모와 자녀가 함께 행복감을 증진시킬 수 있는 건강한 생활태도를 형성하고 유지해야 중독의 위험을 예방할 수 있다. 여기에는 규칙적인 생활리듬, 적절한 식사와 수면시간, 지속적인 운동과 명상, 자신에 대한 성찰과 존중, 의사소통기술, 이웃에 대한 관심과 봉사, 삶의 의미를 찾고 매사에 감사하며 용서하는 것 등이 포함된다. 행복한 삶은 신체건강, 정신건강과 안녕, 영적 성장, 이웃에 대한 배려가 조화를 이룰 때 누릴 수 있다(박상규, 2009).

보다 실재적인 행복의 기술을 배우는 교육이나 훈련도 자녀의 행복감 증진에 유용하다(성은모, 김균희, 2013). 바쁘더라도 부모는 시간을 내어 자녀가 자신을 긍정적으로 지각하고, 부모와 쉽게 대화하는 전략, 친구와의 좋은 관계를 형성하는 전략, 선생님들에게 보다 편안하게 다가가는 전략 등을 가르쳐 주어야 한다.

부모가 자녀의 영적 스승이 되어 주는 것 또한 효과적인 방법이다. 욕구의 충족은 일시적인 행복감을 줄 뿐이라는 것을 자녀가 이해하고, 자기의 내면에 귀중한 신성이 있음을 자각할 수 있으면 중독 대상뿐만 아니라 자신의 삶에서 보다 자유로울 수 있다. 행복은 만족을 넘어서 마음의 평화이다. 고통이나 고난이 없는 삶이 행복한 삶이 아니라 고통과 고난 속에서도 자기를 주시하면서 받아들이고 편안한 마음으로 자기의 역할을 다하는 것이 행복한 삶이다. 고통 속에서도 그 의미를 발견하고 감사할 수 있을 때 인간은 영적 성장과 함께 진정한 평화를 누릴 수 있다. 그렇기에 마음챙김 훈련은 자녀의 행복감 증진에 직접적으로 기여할 수 있는 유용한 전략이 된다(Brown & Ryan, 2003).

개울이 흐려져 있으면 바닥이 잘 보이지 않듯이 우리 마음도 고요해야 자기의 마음과 주변이 잘 보이게 된다. 자기주시는 마음을 안정시키고 맑게 하여 자기 내면과 주변 환경을 잘 볼 수 있게 한다. 마음이 안정되고 맑으면 내 안에서 그리고 주변 환경에서 소소한 행복을 많이 보고 만날 수 있다. 중독으로부터 회복이 되면 관계가 좋아지고, 사소한 것에서도 감사할 수 있는 능력이 생긴다. 실제 중독에서 잘 회복 중인 분들은 다음과 같이 표현하고 있다(박상규, 2018b).

회복하면서 자녀를 부양하고 직장 일을 하면서 힘이 들더라도 만족감을 가지고 감사하면서 살아간다. 가족과의 관계나 자신과의 관계가 좋아지면서 행복을 느낀다. 하나하나 얻어 가고 배워 가면서 성장하는 것에서 행복을 느낀다.

행복은 함께하는 것이 중요하다. 회복하면 더 성장하게 되고 성장하면 나름대로 행복을 찾는다. 성장하면 소소한 것에서 행복을 찾을 수 있다. 중독으로부터 잃어버렸던 가족이나 친구, 사소한 것에서 행복을 찾는다.

행복하지 않으니까 뭔가를 찾는다. 행복하지 않으면 무엇인가를 갈구한다. 술이나 도박, 마약 등을 하게 된다. 회복하면서 어떤 부분이 나아지고 성장하니까 행복감이 증진된다. 행복과 중독은 반비례한다. 행복할수록 중독에서 벗어날 수 있다. 중독에 빠져 있을 때는 일시적인 쾌락을 행복으로 착각하였다. 중독에 빠져 있을 때는 소소한 행복을 알아차리지 못했다. 회복이 되면서 주위를 둘러보고 사소한 것에서 행복을 느낄 수 있었다. 회복이 되면서 "내가 이렇게 해서 중독이 되었구나!" 하면서 자신을 더 성찰하게 되었다. 변화되어 가는 나 자신이나 주위 사람과의 관계에서 행복을 느끼고 있다.

부모가 많은 노력을 하더라도 자녀는 종종 불안하거나 우울할 수 있다. 때로는 중독 문제나 일탈행동을 보이기도 할 것이다. 그렇더라도 부모는 자녀의 내면에 자기와 타인을 사랑할 수 있는 신성이 존재함을 확신하고 존중해야 한다. 부모의 지속적인 신뢰와 지지 안에서 자녀는 인생이라는 화폭을 행복한 그림으로 그릴 수 있으며, 중독에 빠져들지 않는 건강한 삶을 살아가게 된다.

스마트폰 없는 생활 즐기기

〈스마트폰 없는 생활을 즐겨 본 얼리어답터 C군〉

스마트폰을 비롯한 최신 전자기기들을 남들보다 빨리 구입하여 사용해 왔던 C군은 친구들 사이에서 얼리어답터로 불렸다. SNS를 통해 자신이 구입한 전자기기들의 사용 후기를 올리며 활발하게 활동하던 C군은, 무차별적인 악성댓글에 크게 시달린 이후 모든 온라인 활동을 중지하게 되었다. 시간과 정성을 쏟으며 활동하던 SNS가 오히려 악성댓글의 표적이 되어 스트레스를 많이 받았기 때문이다. 한동안 스마트폰을 거의 사용하지 않으면서 일상생활을 하던 C군은, 스마트폰이 없는 상태에서 주변 친구들과 오프라인으로 어울려 다니며 즐거운 활동들을 더 많이 하게 되고, 학업성적도 오르게 된 것을 깨닫게 되었다. 이러한 깨달음을 토대로 C군은 앞으로도 스마트폰을 최소한만 사용하면서 조절하고자 다짐하였다.

〈스마트폰을 내려두고 일상생활에 집중한 D씨〉

스마트폰 대신 전화와 메시지 등의 기능만 있는 구형 휴대전화를 사용하기 시작한 D씨는 요즘 행복하다. SNS에 일상을 '보고하듯이' 올리던 생활에서 벗어나 자녀와 대화하는 시간이 늘었으며, 자녀가 성장해 나가는 모습을 타인의 시선을 신경 쓰지 않고 오롯이 자신의 눈으로 담아 낼 수 있게 되어서이다. 최근 D씨는 스마트폰이 아닌 일반 카메라로 사진을 찍고 인화할 사진을 가족들과 함께 고르는 등 현실에 충실한 가족문화를 만들어 가고 있다.

우리의 삶에서 스마트폰이 빠지게 되면 조금은 불편할 수 있겠지만, 행복하게 사는 데는 어려움이 없다. 실제로 우리 주변의 많은 사람이 스마트폰을 사용하지 않으면서도 소소한 행복을 누리며 살아간다. 그러나 스마트폰이라는 기기에 빠져 버린 사람은 그것만이 즐거움의 원천이라 생각하여 다른 방식으로는 즐거운 일들을 경험하려는 시도 자체를 하지 않는다. 스마트폰을 사용하는 것 이외 모든 일은 시시하고 자극을 주지 못하는 것으로 스스로가 인식하고 있기 때문이다.

그런 사람들도 앞 사례의 C군과 D씨처럼 스마트폰을 놓고 살아가는 생활을 경험해 보면 생각이 변화될 수 있다. 스마트폰을 사용하지 않아도 친구와 충분히 교류할 수 있으며, 운동하기, 독서하기, 노래하기, 그림 그리기, 춤추기 등 스마트폰을 사용하지 않고도 할 수 있는 즐거운 활동이 너무나 많다. 오히려 지금–여기에 깨어 있는 삶, 시각이나 청각, 후각, 미각, 촉각에 깨어 있으면서 활동하는 삶을 살아갈 때 스마트폰의 작은 화면을 통해 얻을 수 있는 것보다 더 크고 깊은 행복감을 누릴 수 있다. 무슨 일을 하든 의식적으로 신체의 오감을 잘 주시하면 삶에 대한 생동감을 더 느끼고 조절력이 증진된다.

스마트폰이 없어도 행복하다는 것을 체험하기 위해서는 가족이 함께 며칠이라도 스마트폰 없이 생활하는 시간을 만들어 볼 수 있다. 처음에는 스마트폰을 사용하지 않고 몇 시간을 보내는 것이 불안하고 초조할 수 있으나 잠시 후에 마음이 평안해짐을 느끼게 된다. 약속한 기간이 지난 후에 스마트폰 없이 지낸 느낌이 어떤지를 서로 물어보는 것이 좋다. 이러한 과정을 통해 자녀 스스로 스마트폰 없이 생활하는 것이 조금은 불편하지만 얻는 것이 훨씬 더 많음을 자각할 수 있다. 시간의 소중함이나 가족의 귀중함을 알게 되고 마음이 더 편안해졌다는 것을 경험하면, 스마트폰에 대한 집착이 자연스럽게 완화될 수 있다.

20
중독에 유혹되지 않는, 영성이 있는 가정 만들기

자녀를 영성으로 이끌어주기

밤하늘에 떠 있던 달이 갑자기 보이지 않는다면, 이는 달이 없어진 것이 아니라 구름에 잠시 가려졌기 때문이다. 사람은 누구나 내면에 신성, 부처의 품성이라는 달을 가지고 있다. 불안이나 두려움, 욕심, 분노 등의 구름에 의해 영성의 달이 잠시 가려질 수 있으나 우리 마음속에서는 항상 영성이 빛나고 있음을 믿어야 한다.

영성의 관점에서 보면, 회복의 과정이란 자기 본성이 부처, 신성임을 믿고 그것을 실천하는 것으로 영성의 성장 과정이다. 영성의 삶이란 자기 내면의 신성이 주인공이 되어 살아가는 것이며, 올바로 사랑하고 사랑받을 줄 아는 삶을 실천하는 것이고, 에고가 없는 중용이나 무위자연의 상태로 살아가는 것이다.

인간은 생물학적 존재이면서 심리적 존재이고 사회적 존재이면서 동시에 영성적 존재이다. 영성은 지성을 넘어선 것으로 삶의 의미, 가치, 용서, 신앙 등을 포함하는 개념이다. 나는 중독으로부터 회복하여 이를 잘 유지하는 많은 분을 만나보면, 이분들의 회복에 가장 큰 영향을 끼친 것이 영성임을 알 수 있었다. 중독으로부터 잘 회복 중인 분들이 영성의 중요성을 다음과 같이 표현하고 있다(박상규, 2017a).

회복에 있어 영성이 차지하는 중요성이 90% 이상이다. 영성은 우리의 생각에 영향을 주며, 풍요한 삶, 믿음의 삶, 가정의 회복에 도움을 준다.

모든 것을 다 내려놓고 위대한 힘에 모든 것을 맡기는 것, 어쩔 수 없는 것을 받아들이고, 어쩔 수 있는 것을 바꾸는 것 그리고 내적 성숙의 길로 가는 것이다.

세월이 흐르면 나이를 먹듯이 인간은 저절로 나아지지 않는다. 모임에 오래 참석하고 단도박의 기간이 길다고 더 많은 성장을 기대하기가 어렵다. 자신을 성찰하고 영적으로 성숙되지 않으면 더 이상의 성장은 어렵다. 회복의 마지막 단계인 영적 성장은 오랜 시간을 필요로 한다. 영적 성장이 이뤄질수록 성숙한 변화가 일어나고 사랑할 능력을 갖추게 된다.

중독은 워낙 강력한 힘을 지니고 있어, 영성의 힘이 없이는 회복이 쉽지 않다. 영적 체험 상태에서는 중독 상태보다도 더 강력한 기쁨을 주는 다이돌핀 등의 물질이 대뇌에서 분비되어 더 이상 중독 대상에 대한 갈망이 일어나지 않게 된다.

감사와 용서, 삶의 의미, 신앙 등의 영성을 품고 있는 가정은 중독의 유혹을 덜 받을 수 있으며 중독의 문제가 있더라도 영성의 힘으로 잘 이겨 낼 수 있다.

"비 온 뒤에 땅이 더 굳는다."는 우리 속담과 같이 영성이 있는 가정은 고통의 파도가 잠시 밀려오더라도 그 파도를 잘 타면서 한층 더 성장할 수 있다. 연꽃이 물 아래 진흙으로부터 영양분을 얻어 아름다운 꽃을 피우듯이, 영성을 품은 사람은 고통을 통해서 자기의 진정한 모습을 만나게 되면서 인간으로서 향기를 피우게 된다.

가정이 영성적이 되기 위해서는 가족 각자가 죽음의 순간까지 자기를 주시하고 기도하는 수행을 지속해야 한다. 혜암 스님이 항상 "공부하다 죽으라."고 강조하였듯이 끊임없이 자기 주시를 해야 한다. 영적 성장이란 노력하지 않고 수행하지 않으면 멈추는 것이 아니라 퇴보한다. 한때 우리 사회에서 존경받던 영적 지도자들이 사회로부터 지탄을 받게 된 것도 지속적으로 자기를 주시하지 않았기 때문이다.

사회에서 남들이 보기에는 부러워하는 가정이지만, 실제로는 공허하고 불안한 가족이 많다. 하지만 영성이 있는 가정은 내면이 평화로운 가정이며, 가족 각자가 자기답게 행복하게 살아간다. 다른 가정이나 다른 집의 자녀들과 비교하고 경쟁하기보다는 어제보다는 더 현명해진 자기에 감사하면서, 가족이 서로 배려하고 각자가 해야 할 역할을 다하면서 살아간다. 또 가족이나 가정에 어떤 문제가 있더라도 그것을 부정하거나 다른 사람의 탓으로 돌리지 않고 있는 그대로 받아들인다.

가족 간에 갈등이 있더라도 상대가 잘못되었다고 비난하기보다는 상대의 가치관이나 생각이 나와 다를 수밖에 없다는 것을 인정하고, "지금 내가 할 수 있는 것은 그 사람의 행동에 대한 나의 반응이다."라는 것을 알아차리고 감정을 조절한다. 지금 이 자리에서 내가 생각하고 느끼는 것은 나의 선택이고 책임이다.

영성이 있는 가정의 기초는 부부간의 사랑

좋은 부부라는 것은 각자가 자기를 주시하고 사랑하면서 자기가 해야 할 역할을 하는 것이다. 남편은 남편으로서의 역할, 아내는 아내로서의 역할을 하는 것이다. 이를 바탕으로 부부가 서로 존중하고 사랑하면 자녀가 부모의 사랑을 저절로 받게 된다. 부부가 서로 상대의 입장에서 생각하고 존중할수록 자연스레 자녀를 존중하고 사랑하게 된다. 반대로, 부부 각자가 자기를 사랑하지 않으면 배우자가 자기를 사랑해 주기를 기대하고 지나치게 의존하게 되어 배우자를 있는 그대로 사랑하기가 어려워진다. 부부간의 관계가 좋지 않으면 자녀 또한 피해를 입을 수 있다.

부부가 서로를 사랑하지 못하고 마찰이나 갈등이 잦게 되면 서로가 불행할 뿐만 아니라 자녀에게 상처를 주고 가정의 영적 성장을 멈추게 할 수 있다. 부부간에 불화가 심한 가정의 자녀는 우울하고 불안하며, 무력하고 스마트폰 등 여러 중독에 빠질 가능성이 있다. 부부간에 갈등이 있을 때에는 자녀의 입장을 생각해서라도 가능한 한 문제를 빨리 해결하고 필요한 경우에는 전문가의 상담을 받아야 한다. 갈등이 있을 때 피하지 않고 자기를 주시하고 수용하면서, "화가 나네!" "사랑받고 인정받고 싶었는데, 내 마음을 몰라주니 섭섭하다."와 같은 식으로 자기의 마음을 성찰해 보고 표현해 보는 것이 좋다. 이렇게 자신을 바라보고 받아들이면 마음이 편안해져서 배우자의 입장도 잘 이해하게 되며 관계가 좋아진다.

부득이한 갈등을 겪는다 하더라도 부부가 서로에 대한 믿음을 바탕으로 이해하고 용서하며, 고통 속에서 의미를 발견할 수 있다면 가정의 평화를 해치지 않는다. 오히려 그 고통을 계기로 가족이 한 단계 더 성장하게 된다. 마치 한겨울의 추위를 잘 넘긴 매화의 향기가 더 진한 것과 같다. 앞서 말하였듯 자신의 내면에 신의 품성, 부처의 품성이 살아 있음을 확신하고, 스스로를 귀중하게 여기며 사랑해야 한다. 곤경에 처하더라도 '어두운 이 밤이 지나면 내일 아침 태양은 다시 떠오른다.' '이 또한 지나가리다.' 하는 마음가짐으로 지금의 현실을 있는 그대로 받아들일 수 있어야 한다. '하루 중 가장 어두울 때가 새벽이다.' '비싼 수업료를 내고 많이 배웠다.'고 생각하면서 희망을 가져야 한다. 힘들 때는 "지금 힘드네!" 하면서 자기 마음을 토닥여 주는 것도 좋다.

자기의 마음을 잘 성찰하고 이해하는 만큼 배우자의 마음을 이해하는 것 또한 중요하다. '저 사람도 불안하구나!' '저 사람도 나처럼 인정받고 싶어 하는구나.' '저 사람도 나처럼 사랑받고 싶어 하는구나!' 하고 이해하면서 배우자를 용서하고 존중할 수 있어야 한다.

감사하기

〈어려운 상황에도 감사함을 잊지 않는 H씨〉

뇌병변 장애를 가지고 꽃동네 시설에 거주하는 H라는 30대의 청년이 있다. 이 청년의 어머니는 H씨가 두 살 때, 꽃동네 앞에 버려두고 그 후 한 번도 아들을 찾아오지 않았다 한다. 그러나 지금 H씨는 세 가지의 이유로 행복하다고 말한다. "첫 번째는 최근에 자신이 어머니의 입장을 이해하고 용서하였다. 두 번째는 자신이 저축한 돈 오백만 원을 우간다에서 에이즈를 앓고 있는 아이들의 치료비로 사용해 달라고 부탁하였기 때문에 행복하다. 세 번째는 자신을 위한 것이 아닌 남을 위해서 계속 기도할 수 있어 감사하다."고 한다. 건강이 점점 악화되는 고통 속에서도 H씨는 자신을 찾아오는 방문객들에게 잔잔한 미소를 보여 주고 있었다.

인생은 여행과 같다. 여행을 할 때 비가 올 때도 있고 추운 날도 있고 예기치 못한 여러 상황이 일어날 수 있다. 우리가 할 수 있는 일은 비가 온다는 것, 춥다는 것을 인식하고 그 상황에 적절한 반응을 하면서 아직 여행할 수 있음에 감사하는 것이다.

앞의 H씨와 같이 일상에서 일어나는 고통을 잘 알아차리고 피할 수 없는 고통은 받아들이면서 그 의미를 찾아보고, 그럼에도 불구하고 감사하려고 노력하는 것이 나를 행복하게 한다. 중독자의 대부분은 고통에서 의미를 찾거나 감사하기보다는 고통으로부터 도피하여 술이나 도박, 게임 등에 빠져든다.

자녀가 힘든 순간에도 지금 이대로 감사할 수 있도록 "감사할 것을 찾아보도록" 도와주어야 한다. 슬프다가도 애써 웃으면 기분이 조금 좋아지듯이, 힘들수록 감사할 일들을 찾아본다. H씨의 사례와 같이 사람은 고통 속에서도 감사를 느끼고 행복할 수 있다. 감사하는 마음이 깊어질수록 행복감도 더 커지게 된다.

감사할 일은 어디에나 있으며 감사는 자기의 생각에서 비롯된다. 아직은 자기가 바라는 것이 잘 이루어지지 않고 있어도 '이만해도 다행이다.' '바라는 것이 잘 이루어지는 중이다.' 하고 생각하면 감사할 수 있다. 지금 나와 가족이 건강한 것에 대해 감사할 수 있다. 특히 항상 신이 나와 함께하시면서 은총을 내리심에 감사하면 마음이 평온해진다. 감사할 일을 찾아내면 찾아낼수록 이후에도 감사할 일들이 더 많이 일어난다. 감사와 행복은 내가 선택하는 것이다. 신은 불평하는 사람보다 감사하는 사람의 편에 서 있다.

지금 나와 내 자녀가 감사할 수 있는 것에는 어떠한 것이 있는지 가능한 한 많이 적어 보십시오.

삶의 의미와 목적

자신이 살아야 할 의미가 무엇인지, 자신이 하고 싶은 일이 무엇인지, 어떻게 살고 싶은지, 어떤 직업을 갖고 싶은지 등에 대하여 질문하고 답하면서 살아가면 삶의 질이 높아질 것이다. 삶의 의미와 목적을 뚜렷하게 가지고 있다면 당장의 상황이 힘들더라도 포기하지 않고 잘 이겨 낼 수 있고, 스마트폰이나 또 다른 중독 대상의 유혹에도 쉽게 빠져들지 않는다.

내가 알고 있는 분들 중에는 심각한 신체장애를 가지고 있음에도 자신의 장점을 살려 가정과 사회에 잘 적응하고 있는 분들이 여럿 계신다. 자신에 대한 충분한 이해와 수용을 바탕으로 삶의 의미를 가지고 삶의 목적과 목표를 세운다면, 더 이상 남과 비교하지 않고 자신이 잘할 수 있는 일, 이전까지 잘해 왔던 일을 찾아내어 장점으로서 발전시켜 나갈 수 있다.

부모는 자녀에게 '살아가는 목적이 무엇인가?'를 생각할 수 있는 질문을 자주 하고, 같이 봉사를 가거나 여행을 하거나 독서를 하는 등으로 삶의 질을 높일 수 있는 계기를 마련해 주어야 한다. 살아가는 과정에서 삶의 목적이나 의미가 달라질 수도 있을 것이다. 그러나 어느 것이든 목적을 가지고 살아온 사람은 시간을 허투루 낭비하지 않으며, 매 순간에 집중하고 생동감 있는 삶을 살게 되는 까닭에, 이전과 목표가 달라진다 할지라도 손해가 아니다.

자녀로 하여금 매일 잠들기 직전에 자신이 바라는 목표가 마치 실제로 이루어진 것처럼 믿고 상상하거나, 자신의 목표를 소리 내어서 말하거나 글로 써 보도록 하는 것도 좋다. 이를 통해 목표를 명확히 하고 성취에 대한 동기를 증진시킬 수 있다.

가능하면 친구를 사귈 때도 자신과 삶의 목표가 비슷한 친구를 사귀도록 격려하는 것이 좋다. 서로에게 힘이 되고 격려할 수 있기 때문에 자신의 목표를 오랫동안 유지할 수 있으며, 함께 피드백을 주고받으면서 성장할 수 있다. 일찍이 공자는 "정직하고, 성실하고, 열심히 공부하여 지식이 많은 친구와 사귀면 유익하다."고 하였다.

자녀가 가진 삶의 의미와 목적은 무엇입니까?
인생에서 특히 이루고 싶은 것은 무엇입니까?
대화를 나눠보고 함께 기술해 보십시오.

용서하기

용서는 자녀를 중독행동으로 도피하게끔 만드는 여러 가지 부정적인 심리상태를 완화하고, 보다 긍정적인 방향으로 발전하고자 하는 동기를 품게 만드는 핵심적인 준비과정이다. '지난 날 친구가 나에게 상처 준 것을 생각하면 분노가 일어난다.'는 것을 알아차리고 수용한 다음, 용서를 통해 이를 씻어 내릴 수 있으면 마음이 편안해진다. 부모 또한 자녀에게 잘못한 일들에 대해 용서를 구해야 하며, 자녀의 사죄에도 잘 반응해 주어야 한다.

부모 용서하기

〈어머니를 용서한 A씨〉

40대인 A씨는 어릴 적 알코올 중독자인 아버지가 술에 취한 채 집에 들어와 자신과 어머니를 구타하는 경험을 자주하였다. 아버지의 음주벽과 폭행을 견디다 못한 어머니는 가출하였다. 그 후 아버지는 알코올에 의한 질병으로 일찍 사망하셨고, 본인은 고아원에서 자라게 되었다. 고아원에 살면서 그곳에서도 많은 사람에게서 마음의 상처를 입었다. 한동안은 자기를 버리고 찾아오지 않은 어머니에 대한 원망이 많았으나 점차 어머니의 입장을 이해하게 되었다.

아버지로부터 구타당할 때 어머니가 느꼈을 두려움과 분노, 자식을 버리고 떠날 당시의 슬픈 심정에 공감할 수 있었다. 지금은 어머니를 용서하고 어머니가 건강하기를 바라며 살아계실 때 한 번이라도 만날 수 있기를 소망하고 있다.

정도의 차이는 있으나 대부분의 사람은 어린 시절 부모로부터 상처받은 경험이 있다. 이러한 경험들은 우리가 의식하지 못하더라도 수치심을 주고 자존감을 낮추어 현실의 어려움에 당면하였을 때 쉽사리 중독 대상으로 도피하려는 마음이 들게 한다.

자신의 마음을 편안하게 하고 자존감을 유지하기 위해서는 부모에 대한 미움이나 분노, 섭섭함을 억압하기보다는 있는 그대로 주시하고 인정하면서 다른 사람에게 표현할 필요가 있다. 그러면 불안이 진정되고 보다 안정된 마음으로 자기를 보살피며, 부모를 이해할 수 있는 여유를 갖게 된다. A씨의 사례와 같이 부모의 입장을 이해하고 용서할 수 있게 되는 것이다.

용서하면 마음이 가벼워지고, 자존감이 높아지고, 과거에 덜 매이게 되어 지금 – 여기에서 자기가 해야 할 일에 잘 집중할 수 있다. 심리적인 여유가 생기니 가족이나 주변 사람에게도 자연스레 더 따스하게 다가갈 수 있다. 용서하지 못하는 사람이 가진 분노의 불꽃은 자기부터 먼저 태우게 되어 건강에도 나쁜 영향을 미치게 된다. 인간에게 있어 분노라는 에너지는 워낙 강하기 때문에 용서를 통해서 그 불꽃을 빨리 꺼야 한다.

자기 용서하기

이 세상 모든 것은 다 유한하고 변화한다. 잠시 이 세상에 왔다가 되돌아가는 인간으로서 완벽하고자 하는 것은 어리석음이요, 욕심이다. 부족한 모습 그대로가 나이고 지금 이대로가 자기에게는 가장 아름답고 소중하다. 누구나 잘못을 저지르고 실수할 수 있다. 자기가 가진 단점이나 잘못을 있는 그대로 인정하고 용서할 수 있어야 마음이 자유롭다. 끊임없이 과거의 일로 자책하는 것은 지금 – 여기에 자기가 해야 할 책임을 도피할 수 있는 합리화일 수 있다. 혹은 자기 안에 있는 부모상이나 중요한 사람을 용서하지 않는 것일 수도 있다. 자기 학대를 통해 내 안에 있는 누군가를 처벌하려는 어린아이의 마음이 작동하는 것이다. 이러한 마음을 극복하고 자기를 있는 그대로 받아들이면서 용서할 수 있는 것은 용기가 있기 때문이다.

자기를 사랑한다면 자기의 잘못은 인정하고 용서하면서 할 수 있는 한 보속을 다해야 한다. 잘못할 당시의 자신과 상황을 있는 그대로 받아들이고 자기를 용서하는 것이 결국 자기를 사랑하는 것이며, 가족과 타인을 사랑하는 것이다. 과거를 자책하면서 연민에 빠져 있기보다는 지금 자신이 할 수 있는 일을 실천해야 한다. 어떤 사람은 과거의 실수에 대한 죄책감으로 중독에서 벗어나지 못하고 있었다. 이런 경우는 본인이 중독행동을 계속하기 위하여 죄책감을 사용하는 것으로도 볼 수 있다.

우리는 실수와 잘못을 통해서 한층 더 성장할 수도 있으며 그것을 통해서 자기를 학대하고 중독 대상에로 빠져들 수도 있다. 부모로서 자녀에게 상처를 줄 수 있다. 그럴 때마다 자기를 주시하면서 반성할 수 있어야 실수를 통해서 한층 더 성장하게 된다. 선택은 자기 몫이다. 자기를 용서함으로써 과거의 굴레에서 벗어난 사람은 내 몸이 있는 지금 – 여기에 깨어 살 수 있다.

자기 용서하기

나는 나의 ______________________________ 를 용서합니다.

나는 나의 ______________________________ 를 용서합니다.

나는 나의 ______________________________ 를 용서합니다.

나는 나의 ______________________________ 를 용서합니다.

자녀에게 용서 구하기

인간은 완벽한 존재가 아니기에 어떤 부모라도 자녀에게 잘못할 수 있고 실수할 수 있다. 부모 자신의 문제로 자녀를 배려하지 못하고 말했거나 행동했을 수 있다. 그 당시에는 자녀를 위한다고 한 말이나 행동이라도 자녀가 상처를 입을 수 있다. 부모가 실수했으면 우선 "실수하더라도 괜찮다." 하면서 자기를 토닥거려야 한다. 인간으로서의 가치는 실수 여부와 상관없이 모든 사람이 귀중하며 아름답다. 지나간 실수에 집착하여 자책하는 것은 자기와 자녀 모두에게 실제로 도움이 되지 않는다.

자기의 실수를 인정하고 받아들인 후에는, 자녀의 입장이나 상황을 보아 적절할 때 용서를 청하는 것이 좋다. 자기주시를 하면서 자녀의 입장에서 용서를 청하고 앞으로 그런 일이 반복되지 않도록 행동하면, 부모-자녀 관계가 이전보다 더 편해지고 자녀의 자존감도 올라가게 된다. 이러한 과정을 통해 자녀가 부모로부터의 사랑과 지지를 확인하면 스마트폰 사용에 대한 조절 능력도 자연스레 증진된다.

부모에게 용서 구하기

모든 자녀는 정도의 차이가 있으나 부모에게 잘못된 행동을 저지르고 불효를 하게 된다. 앞서 부모가 했던 것과 마찬가지로, 자녀도 살아오면서 부모님에게 잘못하거나 실수한 것들을 살펴보고 용서를 청해야 한다. 적절한 상황을 보아, 부모에게 잘못한 일을 진심으로 사과하고 용서를 빌면 서로 간의 관계가 좋아질 뿐 아니라 자기를 보다 사랑할 수 있다.

신앙 가지기

〈신앙을 통해 마음의 안정을 찾는 D양〉

고등학생인 D양의 친구들은 스트레스를 받거나 슬픈 일이 생기면 스마트폰에 몰두하였다. SNS에 사진을 찍어 올리고 주변 사람들의 지지를 받거나 게임 속 캐릭터를 키우면서 성취감을 느끼는 식이었다. 그러나 오래 전부터 신앙생활을 이어오고 있는 D양은 마음이 힘든 순간이 오면 스마트폰을 드는 대신 기도를 하곤 했다. 신앙에 의지하면 SNS나 게임에 의지하는 것보다 훨씬 깊은 위안과 안정을 얻을 수 있었기 때문이다.

신앙은 영성을 얻는 대표적인 길이며, D양의 사례와 같이 중독의 예방에도 큰 힘이 된다. 신앙인이 신에게 기도하는 것은 지금-여기에 깨어서 신의 뜻을 따를 수 있는 힘과 용기를 얻고자 하는 것이다. 신이 지금-여기에 나와 함께 계신다는 믿음을 바탕으로 한 경우에는 평온한 마음을 유지하고 어려운 상황을 잘 견뎌 낼 수 있다. 또한 신앙생활을 통해 성직자와 신자들을 만나 상호작용하면서 소속감을 느끼게 되고, 안전한 환경 안에서 자기성찰을 하고 대인관계를 발전시킬 수 있다. 간절함을 가지고 희망을 잃지 않으며 무슨 일을 하든지, 깨어 있으면서 자기 역할을 다하는 것 또한 일종의 기도이다.

중독은 쾌감으로 유혹하여 '나'라는 에고를 강하게 하여 결국에는 자신을 불행의 나락으로 떨어지게 하는 것이다. 신앙의 열매인 사랑과 자비는 '나'라는 에고를 없게 하여 나와 다른 사람을 진정으로 행복하게 한다.

신체건강과 정신건강

가족 구성원 각자가 신체건강과 정신건강에 관심을 가지고 잘 관리해야 영성적인 삶, 회복의 삶을 살 수 있다. 몸이 아프면 신체건강 관리를 위해 많은 시간과 에너지를 소비하여 영적 성장에 집중하기 어렵다. 또 정신건강이 좋지 않으면 잘못된 방향으로 영성이 흐르게 되어 자신과 다른 사람에게 피해를 주고 불행에 빠지게 될 위험성이 있다.

건강한 몸과 마음으로 자기주시를 하면서 타인의 입장을 배려하는 행복한 삶을 살아갈 때 자신과 가족이 스마트폰 중독의 위험에서 벗어날 수 있다. 그리고 자신과 가족의 중독 문제를 주시하고 회복이 되면 영적으로 더욱 성장할 수 있다. 중독으로부터 회복 중인 많은 분이 더 성숙되고 가족과 주변의 소소한 것에서 행복감을 느끼며 잘 사는 모습을 우리 주변에서 자주 만나 볼 수 있다.

가족 구성원 각자가 자기주시를 하면서, 일상에서 소소한 행복

거리를 찾고, 감사하는 것이 스마트폰 중독 예방과 회복의 기본이 된다.

참고문헌

고영삼(2011). 청소년 인터넷중독 상담 내담자의 사회심리적 특성 분석. **인문학논총**, 25(2), 51-79.

고은혜, 김근영(2017). 중학생의 수줍음과 대인불안이 스마트폰 중독에 미치는 영향: 부모-자녀 간 폐쇄형 의사소통과 또래관계의 매개효과를 중심으로. **청소년학연구**, 24(5), 55-78.

김경미, 염유식(2014). 청소년의 스마트폰 이용과 주관적 행복: 부모관계의 조절효과에 대한 성별 접근. **정보와 사회**, 15(3), 31-56.

김경하, 노소영(2016). 청소년의 스마트폰 중독, 부모양육태도 및 적응유연성과의 관계-G시 중학생을 대상으로. **한국산학기술학회논문지**, 17(3), 582-590.

김동일, 정여주, 이윤희(2013). 스마트 미디어 중독 개념 및 특성 분석 델파이 연구. **아시아교육연구**, 14(4), 49-71.

김병년, 최홍일(2013). 과보호적 부모양육태도가 스마트폰 중독에 미치는 영향에 대한 자기통제력의 매개효과 – 대학생을 중심으로. **사회과학연구**, 29(1), 1-25.

김선아, 정다워, 김건우, 박범진(2015). 숲체험활동이 초등학생의 숲에 대한 태도 및 정신건강에 미치는 효과. 한국산림휴양학회지, 19(4), 35-43.

김영경(2017). 고등학생의 가족기능과 스마트폰 중독의 관계: 외로움과 영적 안녕의 매개효과. 한국기독교상담학회지, 28(1), 43-69.

김용수(2018) 러블리 어텐션. 서울: 학지사.

김완석, 신강현, 김경일(2014). 자비명상과 마음챙김의 효과 비교: 공통점과 차이점. 한국심리학회지: 건강, 19(2), 509-531.

김정호(2011). 마음챙김 명상 멘토링. 서울: 불광출판사.

김정호(2014). 스무살의 명상책. 서울: 불광출판사.

김현수, 이형초, 이해국, 방수영, 최삼욱, 황석현(2015). 조절력 향상을 위한 단계별 맞춤형 개입 프로그램. 서울: 시그마프레스.

남경희(2017). 어머니의 양육행동과 미디어 중재역할이 유아의 스마트폰 과몰입에 미치는 영향. 한국육아지원학회, 학술대회지, 182-184.

단현주, 배노연, 구종모, 오향화, 김미영(2015). 간호대생의 스마트폰 중독과 신체증상 및 정신건강: 인터넷 윤리의식의 매개효과. 간호행정학회지, 21(3), 277-286.

류미향(2014). 영아의 스마트폰 사용실태 및 어머니 인식: 어머니의 양육효능감, 양육스트레스와의 관련성 탐구. 한국영유아보육학, 86, 307-329.

박민수(2016). 몸 마음 뇌가 튼튼한 아이. 서울: 책이 있는 풍경.

박상규(2002). 마약류 중독자를 위한 자기사랑하기 프로그램의 개발 및 효과. 한국심리학회: 임상, 21(4), 693-703.

박상규(2009). 행복 4중주. 서울: 학지사.

박상규(2010). 알코올 의존환자를 위한 행복프로그램의 효과. 한국심리학회지: 건강, 15(4), 801-815.

박상규(2014). 정신건강론. 서울: 학지사.

박상규(2016a). 중독과 마음챙김. 서울: 학지사.

박상규(2016b). 대학생의 스마트폰 중독과 불안과의 관계에서 마음챙김의 매개효과. 재활심리연구, 23(3), 503-511.

박상규(2017a). 도박중독 회복에서 영성의 활용. 한국심리학회지: 중독, 2(2), 1-14.

박상규(2017b). 마음챙김이 대학생의 불안에 미치는 영향: 자아존중감의 매개효과. 재활심리연구, 24(4), 593-602.

박상규(2018a). 중독자의 회복유지를 위한 새로운 패러다임: 한국적 상담모형. 한국심리학회지: 건강, 23(2), 293-326.

박상규(2018b). 행복은 청소년의 중독예방에 기여할 수 있는가? 한국심리학회지: 중독, 3(2), 1-11.

박상규, 조혜선(2018). 행복 및 우울과 스마트폰 중독 간의 관계: 한국심리학회지: 건강, 23(4), 1095-1102.

박순주, 권민아, 백민주, 한나라(2014). 소셜네트워크 서비스를 이용하는 대학생들의 스마트폰 중독과 대인관계능력의 관계. 한국콘텐츠학회논문지, 14(5), 289-297.

박인선, 박지연(2014). 마음 다스리기 프로그램이 정서·행동장애 위험학생을 포함한 통합학급 초등학생들의 정서안정과 자기조절력에 미치는 영향. **정서·행동장애연구**, 30(9), 35-56.

박종연(2013). **스마트폰 중독 이렇게 극복하라**. 서울: 혜성출판사.

박현숙, 정선영(2012). 청소년 중독행동의 다차원적 척도 개발. **한국산학기술학회논문지**, 13(8), 3596-3609.

박혜선, 김형모(2016). 아동의 스마트폰 중독이 공격성에 미치는 영향: 부모의 양육태도의 조절효과를 중심으로. **한국콘텐츠학회논문지**, 16(3), 498-512.

선혁규, 백종수(2015). 스포츠 활동참여가 스마트폰 중독에 따른 중학생의 우울, 공격성 및 자아탄력성에 미치는 영향. **한국체육교육학회지**, 20(1), 107-123.

성은모, 김균희(2013). 청소년의 행복에 영향을 미치는 개인특성과 환경특성 간의 관계분석, **한국청소년연구**, 24(4), 177-201.

신성만, 이지명, 권선중, 권정욱, 김선민, 김주은, 라영안, 박상규, 서경현, 송원영, 이영순, 이은경, 장문선, 정여주, 조현섭, 최승애, 최정현(2018). **중독상담학 개론**. 서울: 학지사.

신윤경, 백준혁, 채정호(2010). 환경치료의 정신의학적 적용: 숲치료와 수치료를 중심으로. **스트레스연구**, 18(2), 167-179.

오창홍, 박상규, 박정환, 오인자(2016). 숲 환경이 인터넷 중독 치료에 미치는 효과. **한국산학기술학회논문지**, 17(4), 489-499.

오현희, 김현진(2014). 중·고등학생이 지각하는 부·모애착과 인터넷 및 스마트폰 중독의 관계에서 가족의사소통의 매개효과 분석. **한국청소년연구**, 25(4), 35-57.

우민정(2010). 운동과 인지기능 간의 관계: 뇌과학적 증거에 관한 문헌고찰. **한국체육학회지**, 49(2), 133-146.

여종일(2016). 남녀중학생의 외로움과 스마트폰 중독증상의 관계: 자아존중감의 매개효과 검증. **청소년학연구**, 23(1), 129-152.

여지영, 강석영, 김동현(2014). 초기 청소년의 애착불안과 스마트폰 중독과의 관계에서 충동성, 외로움의 매개효과: SNS 집단과 게임 집단의 차이를 중심으로. **청소년상담연구**, 22(1), 47-69.

유동수(2008). **감수성 훈련. 진정한 나를 찾아서**. 서울: 학지사.

이근무, 강선경, 탁평곤(2015). 단도박자들의 도박중독행위 재발경험에 대한 질적 내용분석 연구. **정신보건과 사회사업**, 43(2), 5-31.

이동식(1997). **현대인의 정신건강**. 서울: 도서출판한강수.

이선애(2016). 수용전념치료가 아동기 자녀를 둔 어머니의 양육불안, 심리적 수용, 마음챙김에 미치는 효과. **한국동서정신과학회지**, 19(1), 97-115.

이수진, 문혁준(2013). 중학생의 자기통제, 부모-자녀 간의 의사소통 및 학교생활만족도가 스마트폰 중독에 미치는 영향. **한국생활과학회지**, 22(6), 587-598.

이시형(2016). **내 아이의 미래를 고민하는 부모라면 자기조절력부터**. 서울: 지식플러스.

이현숙, 황성훈(2018). 단회기 마음챙김-자비명상이 분노의 역기능적 표현과 반추에 미치는 영향. **한국심리학회지: 건강, 23**(3), 631-655.

이혜진, 박형인(2015). 마음챙김 기반 치료의 효과: 메타분석 연구. **한국심리학회지: 임상, 34**(4), 991-1038.

임영주(2018). **우리 아이를 위한 자존감 수업.** 서울: 원앤원에듀.

장경화(2017). 대학생의 스마트폰 중독과 마음챙김과의 관계. **동아시아불교문화, 30**(6), 361-382.

장덕희, 김정은(2018). 청소년의 대인관계능력과 행복감의 관계에서 스마트폰 중독의 매개효과. **인문사회21, 9**(1), 1-9.

장지현, 김완석(2014). 단기 자비명상이 자비심과 이타행동에 미치는 영향. **한국심리학회지: 문화 및 사회문제, 20**(2), 89-105.

정민(2015). 중학생의 스마트폰 중독에 영향을 미치는 변인 간의 구조적 관계: 생태체계적 관점을 중심으로. **한국청소년연구, 26**(3), 103-131.

정인경, 김정현(2015). 중학생의 여가만족 및 여가제약이 스마트폰 중독에 미치는 영향: 자기효능감의 매개효과를 중심으로. **한국여가레크리에이션학회지, 39**(1), 67-84.

조근호(2016). **중독으로부터의 회복을 위한 12단계**, 서울: 소울메이트

조옥경, 윤희조(2016). 불교와 심리학적 관점에서 본 자애와 연민. **철학논총, 86**(4), 449-476.

조재윤(2003). 대인 화법; 부모-자녀의 대화 방법 연구. **화법연구, 6**, 9-34.

조희연, 유성훈(2017). 마음챙김 명상의 효과성 메타분석: 우울과 불안 중심으로. **대한통합의학회지**, 5(1), 55-66.

황경혜, 유양숙, 조옥희(2012). 대학생의 스마트폰 중독 사용 정도에 따른 상지통증, 불안, 우울 및 대인관계. **한국콘텐츠학회논문지**, 12(10), 365-375.

황재원, 김계현(2012). 자기조절을 통한 청소년의 인터넷 사용 시간 단축 과정과 영향요인. **상담학연구**, 13(5), 2135-2157.

Banjanin, N., Banjanin, N., Dimitrijevic, I., & Pantic, I. (2015). Relationship between internet use and depression: focus on physiological mood oscillations, social networking and online addictive behavior. *Computers in Human Behavior, 43,* 308-312.

Beattie, M. (2013). **공동의존자 더 이상은 없다.** 김혜선 역(원저는 1986년에 출간). 서울: 학지사.

Boden, M. T., Heinz, A. J., & Kashdan, T. B. (2016). Pleasure as an overlooked target of substance use disorder research and treatment. *Current Drug Abuse reviews, 9*, 113-125.

Brown, K. W., & Ryan, R. M. (2003). The benefits of being present: mindfulnessand its role in psychological well-being. *Journal of personality and Social Psychology, 84*(4), 822-848.

Dakwar, E., Mariani, J. P., & Levin, F. R. (2011). Mindfulness impairments in individuals seeking treatment for substance use disorders. *The American Journal of Alcohol Abuse, 37,* 165-169.

Garland, E. L., Schwarz, N. R., Kelly, A., Whitt, A., & Howard, M. O. (2012). *Journal of Social Work Practice in the Addictions, 12,* 242-263.

Longstreet, P., & Brooks, S. (2017). Life satisfaction: A key to managing internet & social media addiction. *Technology in Society*, 50, 73-77.

Jones, L., Hastings, R. P., Totsika, V., Keane, L., & Rhule, N. (2014). Child behavior problems and parental well-being in families of children with autism: The mediating role of mindfulness and acceptance. *American Journal of Intellectual and Developmental Disabilities, 119*(2), 171-185.

Muusses, L. D., Finkenauer, C., Kerkhof, P., & Billedo, C. J. (2014). A longitudinal study of the association between compulsive internet use and wellbeing. *Computers in Human Behavior*, 36, 21-28.

Smith , J. E., & Meyers, R. J. (2009). 중독자를 치료로 이끄는 가족훈련접근. 유채용, 박소연, 손해인 역(원저는 2004년에 출간). 서울: 용의 숲.

Suresh, V. C., Silvia, W. D., Kshamaa, H. G., & Nayak, S. B. (2018). Internet addictive behaviors and subjective well-being among 1st-year medical students. *Archives of Mental Health, 19*(1), 24-29.

저자 소개

박상규

현: 꽃동네대학교 사회복지·상담심리학부 교수

한국중독포럼 공동대표

충북도박문제관리센터 운영위원장

한국마약퇴치운동본부 자문위원

전: 한국중독심리학회 회장

한국중독상담학회 회장

한국도박문제관리센터 이사장

국무총리실 마약류대책협의회 민간위원

중독전문가 박상규 교수가 전하는
스마트폰에 빠진 우리아이 구출하기
Saving My Children from Smartphone Addiction
Practical Advise from an Addictional Specialist

2019년 7월 10일 1판 1쇄 인쇄
2019년 7월 20일 1판 1쇄 발행

지은이 • 박상규
펴낸이 • 김진환
펴낸곳 • (주) 학지사
04031 서울특별시 마포구 양화로 15길 20 마인드월드빌딩
대표전화 • 02)330 - 5114 팩스 • 02)324 - 2345
등록번호 • 제313 - 2006 - 000265호

홈페이지 • http://www.hakjisa.co.kr
페이스북 • https://www.facebook.com/hakjisa

ISBN 978-89-997-1855-7 03180

정가 13,000원

저자와의 협약으로 인지는 생략합니다.
파본은 구입처에서 교환해 드립니다.

이 도서의 국립중앙도서관 출판시도서목록(CIP)은 서지정보유통지원시스템 홈페이지(http://seoji.nl.go.kr)와 국가자료공동목록시스템(http://www.nl.go.kr/kolisnet)에서 이용하실 수 있습니다.
(CIP제어번호: 2019024907)